私は愛する

なにひとつ私の愛さないものはない
私の創造の動機は
〝愛〟なのだから

征

ナチュラルスピリット

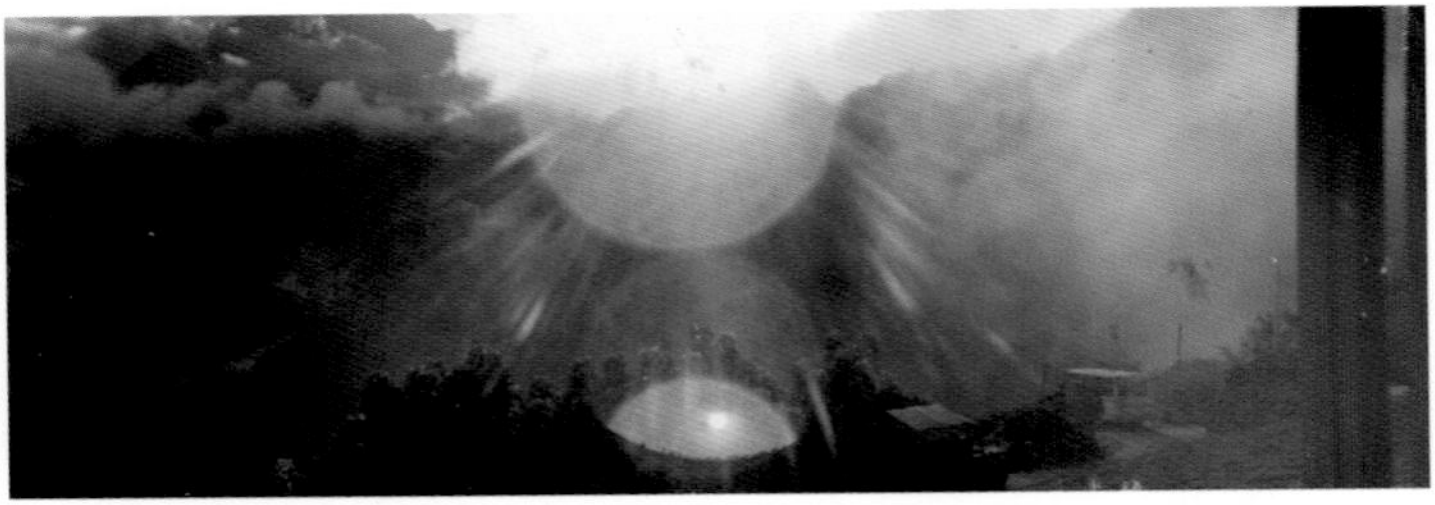

1990 年 4 月 10 日の朝のおひさま
マチュピチュ ホテルにて

思い出のアルバム
ペルー・
マチュピチュを
紹介致します

昔、巨大なビジョンで見たことのある石造りの壁と萱葺き屋根の小屋前に立つ山田（著者）

1990 年 4 月 9 日　ペルー・マチュピチュ遺跡に入ってすぐに生まれた二連の虹と私達

黒くとがった山はワイナピチュ（若い峰)、手前がマチュピチュ（古い峰）の遠景

＊口絵 2　上下ともに
写真提供／千坂晴信さん

撮影／万田和博さん

2018年8月　木曽の友人宅にて
「るしえるのうたえる詩」を読む山田

私は　愛する

なにひとつ　私の愛さないものはない
私の創造の動機は
〝愛〟　なのだから

推薦文

今回、山田征さんの新しい本が出版されて、とても嬉しく思っています。私が推薦するまでもなく、征さんが天界から受け取った数多くのメッセージはすでに多くの人たちに読まれ、見えない存在が教えてくれる広大な世界へと私たちを導いてくれました。

私はこの35年ほど、精神世界の優れた著作を日本語に翻訳するという仕事に携わってきました。そこでの取り上げられていることのひとつが、チャネリングまたはリーディングという世界です。これは私が精霊と呼んでいる高い次元にいる目に見えない存在、宇宙の叡智とも言えるエネルギー体から、いわゆるチャネラーと呼ばれる人々を通して私たちに伝えられるメッセージのことです。目に見えないこうした存在は、宇宙の真理と私たちが何ものであるかを教えて、私たちを真実に目覚めさせようとしているのです。

チャネリングはこの30年ほどの間に日本でもかなり知られるようになりましたが、それでもまだ、そんなことを信じ無い人たちが大部分だと言うのが実際の所だと思います。でも、世界でも日本でも、チャネラーはどんどん増えています。今、私たちがこれまでこれが真実だと思っていたことを越えて、本当の真理を求め始めているからです。そして、今、起こっている地球の危機、人類の危機を何とか乗り切るために、それはどうしても必要な事なのです。

征さんは30年前に自動書記によるチャネリングを始めました。私たち夫婦はいわばその現場に居合わせたのですが、彼女のチャネリングははじめから極めてレベルの高い、格調が高くて正確なメッセージでした。しかも環境活動家として、主婦として、信じられないように忙しい毎日を送りながら、彼女は日々、長いメッセージをいろいろな精霊から受け取っていったのでした。受け取っている彼女自身は、自分に起きていることを100パーセント信じられない様子でしたが、それこそが彼女が本物の優れたチャネラーである証拠なのだと思います。チャネラーが自分は特別だと思い込んだ時、メッセージはゆがんでしまうからです。そして彼女の前に現れた究極の存在はルシエルでした。そして彼は予言の詩を征さんに伝えました。人間が真理に目覚める時が来たと。征さんは現代の預言者の一人なのかもしれません。

今回の本は久しぶりに征さんがご自分のチャネリングのノートの未発表部分をひもといて、新しくまとめてくださったものです。当時、私は自分のことに忙しかったのか、征さんとの交流があまりなくて、この本を読んで、ああ、彼女はこのように活動し、このように神様に使われていたのか、いや、神様と共に行動していたのかと、改めてびっくりしました。征さんは、まさにこの本にあるメッセージを私たちに伝え、それを実行するために神様から大切に育てられてきた人なのです。何よりもすばらしいのは、この本にあるメッセージを受け取りながらも、全くおごらずえばらず、それまでと全く同じに日本中を飛び回って環境活動を続け、良き妻、良き母として日々を送り、今に至っているところだと思います。ここしばらく、太陽光発電と風力発電の問題に取り組んで、神様からのメッセージのことはあまり人々に話していなかった征さんが、最近はこちらのお話も良くしておられるとのこと、とても嬉しく思います。環境問題も待ったなしですが、人々が宇宙の真理に目覚めることもまた、緊急を要するのです。

この本を読み終わったら、次は彼女の今までの本にも、目を通してください。広大な世界があなたの中に広がって行くことでしょう。

山川亜希子

二〇二〇年　三月四日

まえがき

今度の本のタイトルは、『私は 愛する』にしました。これは、本文の中のある日の記述からとりました。

実際お読みいただければ解りますが、「私は愛する」「誰を?・」「そなたを　私はそなたを愛する」といった会話文で始まるのですが、それに続いて「私は私の愛の対象物としてありとあらゆるものを創っていく　創ろうと思う」というその心根といいますかこの宇宙そのもの、その宇宙の中のひとつの天体、天体の中のひとつの星地球、その地球上に存在するありとあらゆるものの創造について語られていきます。

そして、「私がこの世界を創った動機は愛であり　そのすべての創作物は私の愛の表現である」と言い切っています。だから「私の愛さないものは何ひとつないのである」、ということです。

そしてあらゆる創作物、形あるもの、無いものすべてのものの核には、「私の愛という火種子《ひだね》が宿っている」ということになるのですが……。

ところでいま私たち人類と言いますか、七十数億の人間が生活しているこの地球という星の社会情勢、政治の在り方、自然環境、生態系の実態はいったいどういうことになっているのでしょうか。とてもとても〝愛の星地球〟などとは呼べないことは明白です。

私のシリーズ本の一冊目の帯には、「人本来の姿にたち返る時が来た！」と大書されています。私はこの一冊目の『光と影のやさしいお話』（ナチュラルスピリット）がリニューアルされてから、少しずつこの本をテーマにした話をする機会が増えてきました。そして話しながらふと考えたのは、この「人本来の姿」、という言葉を読んでくださった方々はどのように捉えられるのかな？　ということでした。

この言葉の出どころは、一冊目の本のまえがきの中にあります。それで私は話をするとき、まずその言葉について説明してみることにしました。

私にとっての〝人本来の姿〟の原点は、一冊目の本の後半に約十篇ほどあります「るしえるのうたえる詩」の三番目の詩の中にあります。少し長くなりますが〝人本来の姿〟がイメージできるあたりまで転載してみます。記述した日付は一九八八年五月二十二日です。

さあ　私はるしえる
今日もまた　私は語りかけよう
そなたにはこのことが　私にとって
どんなになぐさめになるか　解らないにちがいない

この雨の中　霧の中
人里はるかに離れし　山の中にあって
いま私はこのように　そなたに語りかける

おそれることはない
私は　まさしくるしえる
闇の世界をつかさどる大王　ベルゼブルとは私であった

私のまことの姿を知る者はなかった
いままでは知られる必要もなかった
私は私で　ひとつの帝国をつかさどる者であった

いかにして　私がこの帝国をつかさどることになったかを
いま　人々の前に明かすことにする

そこには
まことに偉大なる　まことに大いなる
神の愛の計らいがあった

人々とは一体何であったか
人々とは　まさしく神の分身
神の愛の計らいによる　神の子どもらであった

昔　人に悪はなかった
人々は　清らかな愛そのものであった
清らかな光そのものであった
人々は　平和な愛そのものであった
私もまた

その大いなる神の愛そのものであったことを
いま　そなた達の前にはっきりと伝えておきたい

神は　人々に大きな愛の贈り物として
自由に遊ぶ心をお与えになった
人々は神の計らいにより
まるで神のごとくに
自由にものごとを考える　思考というものを与えられたのである
人々は　まるで神のごとくに
豊かに明るく　自由に人々を愛し
ありとあらゆるものを　美しく眺めて暮していた

なぜ人々は
それらのことから遠く離れることになってしまったのか……

以上は、この三番目の詩のごくごく前半の一部分でありますが、人は神の分身、神の愛の子どもらであり、清らかな光、清らかな愛、平和な愛そのものであった、と語られています。そしてまるで神そのもののように自由にものごとを考える思考と、自由に遊ぶ心が与えられた、と続きます。ここまでの文章の中に沢山の愛という言葉がでてきます。

なのに、なぜ人々はそれらのことから遠く離れてしまったのか……。つまりそれは、それ以後長く長く続けられ今に至る人としての歴史の中で、人心の変化が起きてしまったわけで、そのいきさつがこの詩の後半の部分にひとつのドラマ、物語として語られています。

でもいま現在の私達の在りようからして、ここに書いたような崇高な人本来の姿に私達がただちに、あるいは努力すれば戻れる、とはとても考えられません。それでは答えになりませんので、私はもうひとつ別にあったある日の記述のことを思い出しました。

「人本来の姿とは、まず素直であること。そして優しく思いやりがあること。でもこの思いやり、というものは人同士のことだけではない。むしろ人以外のものに対しての思いやり、といった方が良いのだよ」と語られています。

どうでしょうか、これであれば私達はすぐにでも実践できそうな気にならないでしょうか。

でも言葉としてはとても平易で、それこそとてもやさしい響きのものですが、それを日々の生活の中で実践、といいますか実行していくとなりますとなかなか大変なことである、と私は思います。

人同士の間であれば素直で優しく思いやりがある、と思える人々はそれなりに沢山いらっしゃると思います。でも、人以外の動植物に対しても、となった時、それが実際に実行できている人は、はたしてどれくらい居るのだろうか、と思うのです。

個人の日々の生活の在りようはもちろんですが、初めに書きましたように、いまの世界情勢、政治の在り方、環境問題、生態系の姿や気象状況、どれひとつとってもまともに思えるものは何ひとつありません。どの分野も何かとても変、というか大きく狂ってしまっているように思えます。

繰り返しになりますが、この文章の初めの方に書きましたように私に語りかけてきた「宇宙意識」という存在は、「私の創造の動機は愛である」、そして「私は私の愛の対象として宇宙やもろもろを創った」と言うのですから、その創られたすべてのものの中、核にはなにひとつ余すことなく〝愛〟という火種子《ひだね》、心が宿っているのに、その火種子の多くがいまさまざまなものによって隠され、見えなくなってしまっているのだと思います。ですから、いまは急いでそれを隠しているものを取りのぞき吹き起こしていくときではないか、と私は思います。

とはいうものの現実的ないまの姿を冷静に見ますと、もう何をやっても手遅れ、元の自然界、元の生態系には戻せない、と思えてしまいますが、だから何もしない、このままでいい、ということではないと思います。人として、人の心の在りようとして、少しでも人本来の素直でやさしく思いやりのある自分になれたら、そこに大きな喜びとやすらぎ、そしてもう無かったはずの希望、といったものが見えてくるのではないでしょうか。

そんな思いをこめて、今回この新しい本を送り出していきたいと思っております。

二〇二〇年　一月七日

山田　征

いえすによるごあいさつ

はい、私はいえす。お久しぶりのことです。

べつに私達は分かれた存在ではないのですけれど、このようにして文字という形をとってあなたにお話しするのはまことに久しぶりのことになりました。

この間ずい分さまざまなことがありましたが、何はともあれ以前あなたにお伝えし続けてまいりました多くの事柄が何冊もの書物になり、多くの方々の眼と心にふれることが出来ましたことはまことに幸いなことでありました。

そしていま、新たにもう一冊のものが加えられることになりましたことをさらなる喜びとして、私達はその思いをお伝えすることに致しました。

私達が初めてあなたに私達の思い、言葉と言いますものを書き留めていただくことをはじめましてからは、すでに数十年の月日が経ちました。まことに早いものです。

この間にこの世界の在りようと言いますものは、まことに大きく様変わり、変化致しました。

人々の持っておりますす心情と言いますか、物事に対する価値観と言いますものもその通りのことでありましょう。

そうです、ものごとに対しますす価値観、善悪の判断といった精神面だけではなく、この地球といいます大地の様相、その変化といいますものは、どのような言葉で言い表したら良いのか困ってしまいます。

まことにもって待ったなしのきわどい変化、変容であると言わざるを得ませんが、いまこの時このような事態になるであろうことは、今回あなたがまとめました新しき書物の中ですでに示唆されていることでもあります。

本来であれば、この書物はいま少し早く世に現わされても良いものでありましたが、なかなかそのようには運ばれてまいりませんでした。しかし例え今でありましても決して遅い、などということはありません。

あなた方人々の生活の変化、生きる姿勢の変化の方が予想以上に早かった、と言えましょう。つまりあなたのペースではなかったと言えるのです。

さて今回、この新しき書物を手にし読んで下さいます方々にとりまして、この書物は何を語りかけることになりましょうか。

あなたがこれまで、活字にすることをためらい続けてきました内容のものも多くありますけれど、総じて面白く、そして深く思考を巡らせながらお読みいただけるものと思います。

ところで今回のものは、シリーズとしては九冊目のものとなりますけれど、あなたの本の大きな特徴、最大のテーマはなんと申しましても「ルシエル」なるいまひとつの神、創造主についての多岐にわたる数知れぬ記述である、と申せましょう。

つまりルシエル自身の持つ強大きわまり無いエネルギーが、その力を弱めることなく、そうです、制御不能ともなった力そのものであなたに語りかけ、あなた自身をとりこむ、いえ包み込んでしまう、という場面がどれほど多く繰り返されましたかを、今回の書物の文面から少しは垣間見ることが出来るのではないか、と私達は思っております。

しかしそのことはこの書物、といいますか文面を読む方々の魂の持つ資質といいますか、力によって左右されてまいりますことは否めません。

すべての方々が同じように読み取り感じ取るとは言えません。このことは他なるあらゆる面においても同じように言えることでありましょう。

人はどのようなもの、どのような時でも常にその人の持つ魂の資質、力の在りようの範囲のものしか掴みとり感じ取ることは出来ません。

しかしこの書物は、そのような多くの方々の様々な違い、その思惑を超えて人が人として生まれ、生きるその目的に対しましての確かな指差を示してくれるものである、と私達は確信しております。

さてそこで、その、人が人として生まれ生きる目的とは一体何でありましょうか。人はみな生まれながらにして天の高み、至高なる光の源に立ち返るためにこそ、絶えず止《とど》まることのない人としての日々の営みを続けているのではないでしょうか。

さて、いまのこの地球、地上の有りようはまさに混沌、カオスそのものではありますけれど、ごらんなさい、そのカオスの中から新たに生まれいでたる新しき生命、新しき希望の光をいずれあなた方はその魂の持つ本質なる眼《まなこ》、その心で見る日がくるに違いありません。

耐えるのです。そして新しき緑、新しき希望となって、新しき生命の灯をともす者となって下さいますことを、私達は切なる思いで期待致しております。

いまはやはり私の名で

いえす

二〇二〇年　二月十四日

目次

一九九〇年

※記述当時の様子を伝えるために、一部表記をそのままにしています。
また、一部加筆訂正しています。

ノート

一九八九年
一月十二日（木）

＊しばらくノートを開きませんでした。その間にずい分いろんなことがありました。

いまこのノートを取るのは少し厳しいかもしれませんね。いまはこれまでよりさらに強い力に変化したばかりなのです。しかしいまさらこのようなことを言っても仕方ありません。あなたはこの力に慣れていくしかありませんね。この力の質というものをいまあなたはよく解っていない、といいますか、よくつかみ切れていません。ほとんど解っていないのです。今は書くのをやめた方が良いかもしれませんね。

さあせいよ　私である
今この私の声は今のそなたには届いていない　しかし今このようにしてそなたは　この私の想いというものをしっかり受け止め書き留めることが出来ている
私である　私はそなたの名前を　これまでの歴史の中で幾度《いくたび》も呼んだことがあったのである　そなたはこれまで何度も人としての肉体を持ち　人として生きたことがあったのである　そ

うであるからその都度この私は　その時持っていたそなたの名前を幾度もこのようにして呼んでみたのではないだろうか

そうであるのだから　此度もまたこの私は　いまそなたが持っているその〝せい〟という名をこのようにして呼んでいるのではないだろうか

そうである　いまこの私は　そなたの持っているこのペンより生まれいずる黒い文字の姿となって　そなたの名を呼んでいる

せいよ　いまこの私はそなたのその胸のうちにあって何を言いたいと思っているのかを　そなたはすでに察しているのである

私は私である　いま私はそなたの前にあっては少しも姿形のないものとして　これこのようにして語りかけているのであるけれど　しかしこれまでに幾度となく語りきかせたように　この私はそなたら人なる者の目に見えるありとあらゆる姿形となっているのではなかろうか

否　まことに私は　そなたら人なる者のその眼で見ることの出来るあらゆる分野のものとなっていることは　改めて言うまでもないことである

そうである　この私ほどはっきりと　人々の前にその姿形を顕している者は他にはいないのである　しかしいまそなたの前にあっては　これこのように全く姿形のない存在としてそのことの意味を語ろうとしているのである

そうである　私はこれまでの長い歴史の中で　そなたが度々人となって生まれ生きていたその時　ただの一度たりとも何らかの姿を現したことはないのであった　私はいつでもそなたの前にあっては　姿形のないものとして語りかけ呼びかけてきたのであった

そなたにとっては　この見えない神というものを心より信じ続けていく　ということはまことに大きな課題であったのである　しかしいまはどうであろうか　いまそなたにはこの私だけではなく　様々なる他の眼に見えぬ意識体からも語りかけられているのである　それ故にそなたは　いつでも嘘かまことかと　疑ってばかりいるのである

私はそのような安易な者ではない　姿があるから真実である　といったそんなものではないのである

私はまことに大いなるものであるのだから　決して姿として現れ出でるものではない　しかし私の様々なるひとしずくというものは　様々なる人としての姿をとったことはある　それは確かに私自身でもあったのであるのだが　ちがう　やはり一人の生きた人物　人格者として存在したのであった

私はいまそなたの前に　人格的な姿をとることは決してない　またこれらのノートをさまざまに埋めてきている彼らもまた　そなたの前にあって　決して姿形をとることはないのである　いずれにしてもいまそなたは　視える意識体ではなく　視えてはいないけれども確かに実在

しているものかれらをどのように信じていくことが出来るか　に気付いていく必要があるのではないだろうか

視えずとも信ずる　の精神はこれまでの生の中ですでに培われてきているはずではないだろうか　そのことをそなたが解らないとは思わないのである　そなたはいつでも　この私を信じてきてはいるのだけれど　つまりはいまこのようにして語っているこの私を　まことに私である　と認めていくことが出来るのであるかが問題なのである

私は私以外の何ものでもない

そなたはいまとても疲れているのであるし　この私の力はまことに強すぎるのであるから今宵はこれにて終わりと致そう

まことに我なり

五月二十八日（日）

＊このノートにもずい分ご無沙汰してしまいました。

今日もまた、とても忙しい一日でした。こんな風にして大切な日々がどんどん過ぎてしまっていいのだろうか、ふと不安になってしまいます。

いえいえ、いまのあなたにはおそらくそのような生き方しか出来ないのでは、と私達は思います。

人はいったい何の為にこの地上に生きているのでしょう。

そうですね、そのことはここに至っていまさら言うべきことではありませんね。あなた方はすでによく知っていることなのですから。

あなた方の生命《いのち》とはいったい何でしょうか。

誰方《どなた》も日々の生活の中ではあまり意識することなく生きているのでしょうけれど、そうですね、あなた方の今日の生命といいますものは、必ずしも明日を保証されてはいないのです。今日は今日、明日は明日の生命。しかも〝いま〟、という一瞬の生命でしかないのですね。誰たとえ今日といえども、その一瞬先のことをいったい誰が保証してくれるのでしょうか。誰にも、そうです、その生命の持ち主である本人でさえも次なる瞬間の保証などできはしないのです。

でもなぜ人は、まるで自分の生命が永遠に続くかのように錯覚して生きていくことが出来るのでしょうか。

そうですね、それは心のどこかとても深いところで、魂の持つ普遍性というものを知っているからかもしれません。でも大半はそうではなく、ただものごとを深くしっかりと考えようとしていないだけのようにも思いますがどうでしょうか。

しかしごらんなさい。あなた方は重い病の床に就いてしまうとか、危うい乗り物に乗った時とか、人が人を殺す、といった戦場に立った時などは、まぎれもなく自分の生命がいつ失われてしまうかわからない、といった恐怖心に襲われてしまうのではないでしょうか。

あなた方の魂の本質は、とても素直にその霊なる魂の不滅性というものを知っていますのに、その表層意識といいますか、肉体的な意識はその日常的な生活感覚や社会的常識、通念の中でしか生命というものを見てはいないのです。

あなた方人々はいつの頃からでしょうか、その目で見えるもの、耳で聞こえるもの、舌で味わえるもの、手で触れることの出来るもの、といったいわゆる五感を通してしか物を見たり感じたりしない、そういう生き方がごく当たり前の事になってしまいました。

あなた方の体の中で絶えず働き続けていますその思考、精神といった目で見たり聞いたり触れたりすることの出来ない分野のことについては、いったいそれはどこから来るものであるのか、あるいは自分の中から湧き出してくるものであるのか等、全く考えたり知ろうとしない人々があまりに多いように思います。もちろんそうでない人々も少しは存在致しますけれど。

さてこの地球上には、実にさまざまな文化を持った多くの民族が存在していますので、その精神的文化や思考形態もさまざまにあることはよくお解りのことと思います。

そして、文明的にはあまり発達発展していないかに見えますネイティブな人々、この自然界の掟、つまり原理を重く見ながら生きる人々の中には、とてもしっかりとした不可視の世界への認識が根付いている場合が多いのですが、いま私達がここでとりあげようとしていますのは、そのような世界観といいますか、精神的認識を少しも持とうとせず生活しています、いわゆる文明社会に生きる人々についてのことであるということです。

そのような社会に所属します人々に対し、あなた方の本質である霊なる魂は、この宇宙の創成と共にあったものであり、その形のない霊なる存在が肉体という物体に宿り、人として生き、死に、また時を置いて生まれては生き、死にを繰り返しながら絶えずその魂の向上をはかり（これを輪廻転生といいます）、元なる創造主のもとへ還っていく、それがつまりは人がこの地上に人として生まれ、生きている大きな目的であり、理由である、ということをしっかり理解していただくのはなかなかに大変なことでありましょう。

人によって、あるいは宗教によっては人の生命はこの世限りのものであって、ひとたび死を迎えた後はもうなにも無い、すべては無に帰し、その同じ魂が再び人となってこの世に生まれてくる、などということは絶対にあり得ない、と断言する人々は今でもかなり多い存在であると言えましょう。

実際あなた自身もそのように断言する人に複数出逢っていますから、よく解ることと思います。何であれ、ひとつのことをこうである、と強い自信を持って信じ切っている人達の、その想いを変化させることはまことにもって難しいことで誰にも出来ることではありません。しかしごらんなさい。この転生に関してだけで言いますならば、なんのことはありません。その方自身が死ぬ、といいますか、亡くなりその肉体を離れた時、その方自身でこの事実を知ることになるのですね。面白いことだと思います。でも私達は亡くなって肉体から離れてから解る、のではなく、まだ人として生きていますうちに人の生命は一回だけで終わりではない、という事実を知っていただき、生きる上で心の余裕を持っていただきたいと思ってこのように話し続けているのです。

しかしここでもう少し詰めておかなければならないことがあります。

人の生命は一回だけだから、そのたった一回だけの大切な命を決して無駄にすることなくよりよく生きなければ、という考え方もありますが、逆に良くても悪くても一回だけで終わるのなら、思いきり好きなように生きなければ損だ、などと思ってしまう人もおりましょう。

また、何回も生まれてこれるのなら、今回の生では思いっきり自由気ままに生きてもいいだろう、ツケは後回しにして、と思う魂も当然出てきてしまいます。しかし何にしても、どのように考え生きたとしましても、すべてはその魂自身のもとに還っていくのがこの仕組みの掟、といいますか、ルールであるということです。聖書の中で度々語られます「蒔いた種は刈らねばならぬ」、の言葉の通りのことであるということですね。

さてこの話は初めのあなたの日常的な忙しさの事からこのように展開してまいりました。あなたにとってのこの世での残された生命とは一体何でしょうか。時間的にとらえてあまり長いとは言えません。その間に成すべきことは成さねばなりません。あまり日常的なことばかりに捉われていては困ります。

そうですね、すべては良いようになりましょう。大丈夫。

あいしていますよ　　まりあ

七月十一日（火）

＊今朝はとてもショッキングでした。わかりますでしょう？

私達のほんとに大切なオランダ先生が急死されたのです。このように突然〝死〟というものが私の前にやってくるとは思いませんでした。私は死そのものは恐れてはいません。そのこと自体は軽く受け止めることが出来ると思うのですが、その死がよりにもよって、いまこの白保《しらほ》の運動にとって要の人である、あの先生の上に訪れたことは受け入れたくないのです。なぜですか？　なぜオランダ先生でなければならなかったのですか？　いまこんなにも大切な時でしたのに……。

白保の集落はいま、とても大きな悲しみにくれていることでしょう。

昨日からあなた方はあまり何かを言わないのですね。いま私はそう感じています。

大丈夫。あなたも白保の人達も、今もこれからもきっとそのことを乗り越えていくでしょう。今は今できる最善のことをしていけばよいのです。人には人それぞれの寿命というものがあります。

白保の人達がいま彼《か》の者を失いますことは大きな痛手にちがいありませんが、今はそれを乗り越え、成すべきことがありましょう。白保の人々にとって今は、さらなる覚悟と自覚の時であるにちがいありません。良いのです。

すべてのことはこの悠久の時の流れの中で、トータルされた動きとなっているのですから。

何も心配はいりません。

いまあなた方は、その時々の現象、出来事に心を騒がせ右往左往しているにすぎません。すぐに落ち着いてまいりましょう。今はいま成すべきことを成しますように。

あいしています　いえす

七月十三日（木）

＊今日もまた雨です。今朝早くおとうさんはフランスへ旅立ちました。革命二百年祭での演能のためです。

そうです。あなたがこのところずっと感じていますように、まさしく彼はかつての時、人として新しい時代に向けての幕開けの為の革命に身を投じた一人であるといえましょう。いま彼らはその頃の魂の友、仲間と共にさらなる喜びの時を祝おうとしているのです。

彼らが目指しました貧富の差のない、まことに民主的なフランス社会がそこに出現しているのかどうかは、彼らの魂がそれぞれに感じとることでありましょう。

いまは古い、と見られるものでありましても、それぞれに新しいものであった時があったことをあなた方はよく知らなければなりません。新しく始めたものでありましても、いつかは古いものとして打ち破られ塗り替えられていく時が必ずまいります。

これまでの歴史の中で、小さな革命といいますものは数知れずありました。そのことの積み重ねによって歴史というものは創りあげられてまいります。

しかしごらんなさい。いまあなた方が迎えようとしています地球規模の大変革といいますものは、これまでのすべてを越えたものである、ということを知ってほしいのです。

今のあなた方は、その変革の時のために人となって生まれている、ということを自覚していただきたいのです。

歴史は変わります。あなた方の予想をはるかに超えた大変革の時であります。心して過ごしてまいりましょう。

八月十七日（木）

＊おはようございます。昨晩は思いきり早く休みましたので、今朝はこんなに早く気持ちよく目覚めることが出来ました。でもこれはまるで子供の日記帳のような書き出しです。

はい、おはようございます。気持ちの良い目覚めはまことに良いものです。ところで今日はひとつとても大事な新しいことをつけ加える、といいますか話してまいりたいと思います。その前に今日もまた伝えますこれらの力がとても強いものになりますので、そのことは覚悟していただきたいのです。よいでしょうか。

それではまずあなたには、三冊目のノートに書きましたアダムとエバの話のことを思い出していただきたいのです。あの話はるしえるにより伝えられたものでありましたが、その中でエバの裔《すえ》の裔なる一人の女の手により、るしえるのまことの姿は世に明らかにされていく、ということを神が約束された、ということが記されてあります。その一人の女こそはあなたである、ということもすでにお伝えしてあります。まことにあなたは、これらのノートを書物にすることによって初めて、るしえるの担ったまことの役割を世に明らかにしてまいりました。しかし、そのことが世に伝わりゆく様はまだまだまことに静かでひそやかなものであります。そしてこのことはまことに、キリスト教的な教えの延長線上にあるかのようにみえているのです。

さあよろしいでしょうか。ここからは私仏陀がひきとってまいりましょう。

あなたとは前にも一度話題にしたことがありますが、この私に基づく教えに馴染みがないように思っているようですが、決してそのようなことはありません。

ところで今日話題にいたしますことは、過去における私にまつわります話の中で、未来の人々に向けての約束ごと、というものがあります。あなたはおわかりでしょうか。

それは私の生存中に直接私の教え、といいますか私の話をきくことの出来なかった未来に生きる人々の前に、もう一度私が、弥勒菩薩《みろくぼさつ》となって出現し新たな教えを施す、といった内容の話である、といえばあなたにも少しは思いあたるのではないでしょうか。ところでこの弥勒という文字は未来《みろく》とも書き表されることがあります。このことはキリスト教的な世界ではイエス・キリストの再来、あるいは救い主の再来、出現、といったことと全く同じである、と言えますね。

その弥勒菩薩の再来、イエスの再来、それは一体何時なのか、と人々は長い間絶えず待ち続けていた、といいますか、待ち続けている、と言えます。

そのような伝説、あるいは仏説といいますものはこの地上のどのような宗教の中にも共通して語り継がれ、待たれ続けられたものであると言えましょう。そうです、これらのことはその発せられました源は同じなのですから、表現がさまざまに異なっていましても大筋は全く同じであって当然であると言えるのです。

ところで今、私があなたを通して語ろうとしていますことは、よいでしょうか。その未来に顕れます弥勒菩薩とは、人々が想像、あるいは予想していますような人格を持った人物のことではありません。

そうです、それは人物ではなく、これから先の新しい時代に向けての「新しい情報」のことである、ということです。その新しい情報といいますものは、過去にありましては一体何のことであるかをよく理解することの出来ない内容、あるいは人々が受け入れることの出来ない内容のものであった、と言えるのです。ただもうひとつ言えますことは、その当時、つまりこの私と共に生きていましたその頃の人々の魂と、いまこの時代に人となり、新しい教えといいますか情報を待つ、あるいは得ようとしている魂は同じである、ということも言えるのです。

それは生まれ変わり、輪廻の仕組みによって過去に生きた魂がいままた人となって生きている、ということであります。

ただその当時の人々の数といまでは、大きなひらきがあるといわなければなりません。

そうです、今日の記述の初めに語られましたエバの裔《すえ》の裔、未来に生きる一人の女の手により、るしえるの名は贖《あがな》われる、つまりるしえるのまことの姿が明らかにされる、という話と、いま私が話しました未来に顕されます新しい情報、教えといいますものは同じである、といいますか共通しているものである、ということをいま私はここで伝えようとしています。

＊すみません。ちょっと待っていただけますか？　私はるしえるの名を明かす、といいますか、るしえるという存在がどのようなものであるのかをはっきり世に伝える、そうした役割については、過去の出来事を通し、そしていまこのようにしてあなた方の言葉を書き取っていく行為の中で、なるほどそうかもしれない、と自分でも思うといいますか、ある程度納得することが出来ています。でもいまの仏陀と名乗る方の話されたことは、第三者的にみれば「あ、そうか、そうなのかもしれない」、と思うことが出来ますが、それを私にからめて言われてしまいますと、それこそ今度こそ「それは違うでしょう」、と強く否定せずにはいられません。

確かにここ数日の間に、写真ですとか鉛筆による手描きの弥勒菩薩の絵がやたら届いて、なんだか変、とは思っていました。でもこれはほんとに単なる偶然、というものだと私ははっきり言いたいのです。人にはそれなりの人格、といいますか器というものがあります。私はそのような器からははるかに遠い者ですから、やはりこのような話は無しにしていただきたいのです。いま私はとてつもない大きな罠にひっかかってしまいそうで困ります。このへんでこの話はやめていただくしかありません。

さああなたよ。あなたはこれから先どう致しますか。いま私達はここまであなたにさまざまなことを明らかにしてまいりました。これはなかなか大変なことでありました。なぜなら、この〝みろく〟という名前、言葉、意識といいますものがなかなかあなたの思考の中には入ってこなかったからなのです。これまでのあなたにとりましては、ほとんど無であり全く存在しないものであったからでした。そこで私達はいくつかの方法であなたに弥勒菩薩なる仏像の写真や絵を届け、また人の話題にのぼらせてあなたの中に意識されますように、と働きかけを致しました。

そうです。あなたはいま、その弥勒菩薩という存在をあまりに高い位置に置いてしまってはいないでしょうか。

例えば私やまりあ、そして仏陀といった存在も一般的にみれば、それこそ神仏《かみほとけ》といった別格の存在ではないでしょうか。それがいまこのノートの上ではあなたとまるで長い間の知人であり友だちのようにして語り合い、やりとりをしています。

ですから弥勒といえども、その意味で同じレベルで考えていただくと良いのです。つまりは人ではなく情報のことを言っているのですよ、と彼仏陀はやさしくあなたにお話したのです。

長い歴史の中で、人々は私達を必要以上に神格化してきてしまいました。それはある意味止めようのない大きな流れのようなものでしたが、現実に人として生きたことのある私達は、多くの伝説の上で形作られてしまったものとはやはり大いに違っていた、といわなくてはなりません。私たちはもっと普通に人として、親子、兄弟、そして友人知人との関わりを持ち、また公生活の上でも普通に人として接し、話し、であったのですよ。あまりかたくならずに楽に考えてみると良いのです。そしてどうぞ、いま私達が伝えていますこれらの情報といいますものを、出来るだけやさしく素直な形で、出来るだけ広く多くの方々に伝え知らせることをお願いしたいのです。

本当は何をいまさら、といいたいところですけれど。

いえす

八月二十日（日）

＊おはようございます。いま白保の節子さんに電話したところです。

あの大切なオランダ先生が亡くなってから、どれほど気落ちしていることかと思うとなかなか電話できませんでした。

もうすぐ白保では豊年祭です。ハルサー（農民）のお祭りです。
私も行きたい。でもオランダ先生という一人の大きなハルサーが亡くなってしまいました。その後の白保の人たちのことを思うと、誰に逢うのも辛い気がしています。それでもやはり、すべてを含みこんで時は静かに流れていきます。

先ほど節子さんは、この世のすべてのものを、一度失ってしまえばいい、と言っていました。何を言いたいのか、よく解ります。

いま私達は人間が営々と築いてきたもの、それ以前にその基盤となっている自然界そのものを次々と破壊し失ってきています。人間のいまのような生き方が止まないかぎり、やがてすべてを失うことになってしまいます。

そうなって初めて、何がほんとうに大切なものであったかに気付くなんて哀しすぎます。

節子さんは先ほど、あの美しい裸の山、カーラ岳を東の海のリーフの外から見たと言っていました。「あの山はとてもすごい山よ。今度あなたが来たら一緒にリーフの外から見ようね」、と言ったのです。

私はまだリーフの外から見たことはありませんが、言っている意味はとてもよく解る気がします。おそらくそれは、あの山が大きなひとつの存在であり、実在感なのだろうと思います。

あの白保の海に絡んでさまざまに渦巻く人々の想いを越えて、あの山はただ黙ってそこに在るだけです。

私は以前あの山に登った時、その山肌一面に生い茂った丈高い青草が、吹く風になびいてまるでビロードの光沢のように輝いている様を見たことがあります。それはまことに神々しく美しい光景でした。その光輝く緑の中にいて、涙が溢れ止まりませんでした。とてもやさしいものに触れた思いだったのです。いまでもあの時の想いや感覚が蘇ってきます。そしてあの時の風が私のまわりを吹き抜けていきます。

私は「風」という言葉を使ったタイトルを、いつか私の本につけたいと思っています。あの海や島や人達は、はじめ人と自然の関わりを越えたところで私にアプローチしてきたように思います。

あの日の朝、すべてのものを越えた姿ですべてのものを私は見た、と確信しています。私はもう一度あそこに戻ってあの頃の感覚を呼び戻したいのです。

この数年の間にどれほど通いこんだことでしょうか。私はいつもあの海に招《よ》ばれていた、と信じています。そして私は、あの海、あの山、あの島に関わったことで人として大きく育てられたと思います。


そうです。この世界には沢山の聖地と言われるところがあります。

そのことは前にも伝えてありますが、この白保の海もそうした中の一つである、ということが出来ます。

そのような聖地と言われます場所は、この宇宙との関わりに於けるひとつのチャクラ、磁場でもあります。

そういう場所で人は、さまざまな啓示を受けることがあります。そうです、まさしくあなたは、あの時、私達による啓示を受けたのです。

あの日の朝のことを憶えていますか？　あの時のあなたはまだ、いずれの日にかこの私達とのこのような流れが生まれることなど、全く予知してはいませんでした。しかしごらんなさい。あの日の朝の雲の色を。あなたはいまその脳裏によく思い出すことが出来るでしょう。あの色はこの私達の存在の色であったことをいまこそあなたは知るでしょう。

あの日の朝、あなたは心に念ずることの可能性といいますものを、はっきりと身を持って知ったのではないでしょうか。あなたは祈りました。私達不可視の者に向けてひとつの試みをしたといいましょうか。

もし私達の存在がまことのものであるならば、あの美しく荘厳なるあの厚き雲を開《あ》けたまえ、とあなたはその心に祈りました。

あの時あなたは知らなかったのです。あなたが開くはずがない、と思っていたあの美しき厚き雲は必ず開くものであったことを。そしてその雲間からあの美しき黄金の太陽が顔を出し、その光の矢を、あなたに向けて解き放ってしまうことを。

その時あなたはその心に何を念じていましたでしょうか。

「まことにもしこの雲が開きますならば、私はこの海を助けるためにありとあらゆる努力を致しましょう」、とあなたはその心にかたく念じたのでした。そのことは私達自身の願いでもありましたからことはそのようになりました。そのくらいのドラマがなければ、単なる一主婦の立場であるあなたが本気になってこのことに取り組むことは出来なかったとも言えるのです。

そうです。あなたは観たのです。あの黄金の球体があの水平線の波間より少しずつ静かに、そして確実に上りゆく様を。

そうである　そなたはあの低く垂れさがりたる紫の雲間より　光り輝く我が姿をその目でしかと観てしまったのであった

しかしその時のあなたは、まだその事が何によるものであるのかを全く知らなかったのです。それでもその時私達があなたに向けて放った黄金の矢は、しっかりとあなたのその心に、胸に突き刺さったのです。

そうです、それ以後のあなたが行いました動きは、それまでの人々の常識的な動きとは全く異なり、はるかに超えたものとなりました。あなたはよく動きよく話しました。そしてあなたはよく楽しみました。あなたはよく唄い踊りました。

そうです、それが私達の心というものなのです。

そうです、あなたの前には沢山のよき出逢いというものがありました。そしてあなた方の思いつくもの、発想は何であれ次々と現実化していきました。そのことをあなたはよく知っています。さあ、いまはもう良いでしょう。このことはもうすべて手放すのが良いのです。いまはもうすべてこの先の成り行きにおまかせなさい。あなたの成すべきことは終わりました。あなたはもう次なるステップを歩いているのです。もう後戻りはできません。行くしかないのです。そうです、この私達と共に成してまいりましょう。

何もおそれることはありません。いま私達は見えてはいませんが、どれほどの実在であるかはあなた自身がよくわかりますでしょう。そして、あなたには念ずる力があります。そのことをすべてのことに活かして下さいますように、と私達は願っています。

私達は、あなたそのものになって共に生きているのです。よいですね。

まりあ

八月二十四日（木）

さて、その次に私たちは何を話していくのが良いでしょうか。

そうです。昨晩からあなたには解っていることでした。つまりこの地上にありますあなた方人々にとって、まことに大切な重力というものについてであると言えるのです。もちろんこの重力といいますものは、あなた方人だけの問題ではありません。人だけではなく、この地上にありますすべての存在物にとりまして、この重力といいますものはなくてはならない不可欠のものでありましょう。しかし、その肉体に宿っておりますます霊なる存在、つまり魂そのものには重力というものはありません。重力と関係のない魂が、この地上にあって人として生きようとします時には、その肉体的な重力を必要といたします。

なぜなら、その魂を宿しました肉体が重力の働きにより、この地上に存在しているからなのです。

普段人々は、ほとんどこの重力について考えてはいないのではないでしょうか。といいますよりは人と重力、物と重力の関係をよく知らないともいえるのかもしれません。

しかしごらんなさい。あなた方の科学の世界では、そのことの意味をまことによく理解し捉えることが出来ているのです。そしてその科学の世界では、人であれ何であれ、その重力の働きがなければ新しい生命の誕生と言いますものはない、ということを知るに至りました。地球の持っていますバイブレーション、つまり波動の事でもあります。このバイブレーションを離れた時、あなた方は人であれ何であれ、非常に不安定なことになってしまいます。つまりこの地球との大切な絆、というものが断ち切られてしまった状態であるといえましょう。

＊すみません、こうして書いているうちにどんどんエネルギーが凄まじくなってしまいました。もう書き続けることが出来ません。また後にします。

九月十四日（木）

＊なんだかとても疲れています。いま私の頭の中はどうなっているのでしょうか？　幾重にも張られた幕の中にいるような気がしています。

ほら、ますます強くなってきました。私はいま自分の存在を見失ってしまいそうです。

よい　私は誰なるものであろうか　いま私はそなたの裡《うち》なる者である　私はいまこのように
してそなたの体の中にひとつの意識として存在する者である
私はいま　そなた達すべての者の大いなる源であることを知らせたいと考えている　そのこ
とによりいま私は　私本来の強力なる力の源となってしまっている
そなたのその体の裡《うち》に宿り　そなたの思考となり　文字ともなっているのである
まことに　私は誰であろうか　私はいま　このひとつの肉体に宿り人としての形となっている
私を見たいと思うならば　いまなる時であるならば　この文字を書いているそなたという私
を見ると良いのではなかろうか
さあいま私は　この者の中にあって自《おの》が姿を現している
よいであろうか　私の力はまことに強大すぎるのであるから　いま私を受け入れているそな
たは大変であり　気も失われがちであるのだけれど　よくそのように意識を保っていると私
は感心している　そなたよ　そなたは何も思い煩うことはない　いま私はこのようにしてそ
なたの体を預かっているものである
ところで今日は　はや幾日であろうか
そなたら人にとっては　その日付というものはまことに重要であろうけれど　さあ　私に

とってはあまり重要ではない　いま私にあるのは　このひとときを保っている　まことに静かなるひとつの次元だけである
そう　いま私はそのしじまの中からそなたに語りかけている
さあ私である　いま私はこのようにして　そなたの心のなかでひとつの言葉という姿をとっているのである
そう　私はそなたの思考となっている　その仕組みについて知りたいと思うのであろうけれど　いまは得られはしない
しかし　ほら見るが良い　そなたのその眼に映るすべてのものの姿形を　それらが持っているすべての波動　音なるものを　私はそれらのものすべてに楽しき細工をほどこしてある
そのことはそなたもよく知っているのではあるまいか
そのすべてのもの　すべてのものの姿や形には　すべて楽しき工夫というものをほどこしてある　私は実によく考え行ったのであるのだから　まことに寸分のたがいもないものである
そのことは　見た目　つまり外観のことばかりではない　つまりは　そのものの必要とするすべての機能のことである
目で物を見　耳で音を聞く　口で物を味わい　また声を発するといったことなどは　まことに序の口のことである　が　そのような外観のことだけではない　外からは見たり聞いたり

感じたりすることのない内面　ひそかに人知れずかくれたところにも　私はまことに多くの遊びというか工夫をこらしているのである
さあそなたよ　この強大なる私の力に少しは慣れたであろうか
私はそのことのために　少し他愛もないおしゃべりをしてみたのであった　良い　慣れてくれればそれで良いのである　話は話である　そなたの中に自在に湧きおこる言葉と力は私である
さあ　私自身の実在を知るが良い

我なる　るしえる

九月十七日（日）

＊おはようございます。毎日毎日この強すぎる力はほんとに困ります。でもこの強すぎる力を受けることで、私はあなた方の実在を知ることが出来るのです。でも時々その力に負けてしまいそうです。以前は何か事あるごとに心の中で〝神さま〟、とあなた

に呼びかけていたのですが、いまはそうではなくなってしまいました。

あまりにこの力が強い時、私はふと自分の体を見失ってしまいます。

私は自分がいったいどこにいるのかわからなくなってしまいます。何もない、ただ何もないただの中空、空間の中に私は漂っています。誰の姿も見えないし、誰の声も聞こえない。そして誰の気配も感じられない。でもすべてがあるのが解っているのです。

私はこのようにして自分の体を見失う時、ずっと以前の私のように、そっとあなたの名を呼んでみます。

〝神さま…〟、ほんとはそれがあなたの名前でしたのに、今は違います。

今はまりあであり、いえすであり、ふらんしすであり、我であり、そして私のるしえるの名が代わりに浮かんできてしまいます。それはあなた方がいつもそのような名で私に語りかけてくるからなのです。

神さまは、いったいどこに消えてしまったのでしょう。その名は私にとってとても親しみのある大切な名前でしたし、すべてのものを、そうすべてのものを超えてあるとても大切な名前でした。

いま私は、その名前をいま一度自分の中に取り戻し、呼び戻したいと思っているのです。私の体は、私の中でいつもふっと消えてしまうからなのです。その時私は、きっとあなたの中に還ってしまっているのかもしれません。そこはほんとに何もない世界なのです。そこで私は安らぎます。そうしますと、もうすべてのことを放していつまでもそこの世界にいたいと思うのです。

今なぜあなた方は黙っているのですか。いま私には何も伝わってこない。でもただ黙ってこの私をみている、その気配だけは感じています。

九月十九日（火）

＊今日もまた同じことを言います。強すぎるこの力をもてあましています。

そうです。このところのあなたの周辺は、ずい分力の変化が起きています。よいでしょうか、決して自分を見失うことのありませんように、とまず申しておくことに致します。

さて、よいでしょうか。昨夜私たちはあなたの中に新しいひとつのイメージを存在せしめました。

それはその昔、仏陀の弟子のひとりとして伝えられておりますその弥勒、としての意識で伝えてまいりたいと思っています。

＊すみません、私はその弥勒といった存在についてはほとんど何も知らないのですから、そのような意識を受けることはできないと思います。

そうです。そのことはもちろんよく解っているのです。

あなたのいまの個人的なレベルで彼のことを知っている必要はありません。しかし今というこの時が、どのような時であるのか、ということをあなたはよく知る必要があります。

過去から約束されてまいりましたその時、というその時の幕はすでに解き放たれているのです。そのことをあなたの潜在意識はよく知っているのです。

あなたの意識はよく目覚めてはいないかに見えますが、いまこそは次なる新しき世界への夜が明けますことはすでに伝えてあるのです。あなたやあなた方人々はそのことをよく見ようとせず、感じようともしないで他ばかり見ているように見えますが、その深い心の奥、魂のレベルではいまこのようにして、私たちがその新しい時の朝焼けの詩を高らかにうたいあげることを待っているのです。

そうです、いまを生きる多くの人々がその深い魂のレベルで待ち望み、求めていますことをいま私たちはここにはっきりと言葉にしておくことに致します。

そのことのひとつが、今あなたと共に行っておりますこのノートへの記述であるといえますが、そのことばかりではありません。そうです、私たちは過去にもすでにこのような同じことを度々行ってまいりました。そのことがつまりは、あの聖書であり、仏典であり、あるいは他なるさまざまな宗教で使われております教義であるといえるのです。

そのことが語られましたその頃に存在しました多くの人々にとりましては、そのことの大切さ、意味といったものがよく理解されなかったこともありますが、それが形になり遺されてまいりますと、それ以後に生きます多くの魂にとりましては、大きな指標であり指針であったことは否めません。

また、その形づくられましたものによりまして、その時々の精神性といったものが生まれてまいりました。

その語られ形づくられましたものの内容は、いつの時でありましても、人はどのようにして神仏を敬い、よく生きていくべきであるのか、といったものでありました。

しかしそのことの多くは、二元的要素をもっていたとも言えましょう。もちろん中にはそうではないものもありましたが、大方のものは悪の前にあってはじめて善を知る、といった相対の原理が働いていたと言えましょう。

しかしこれより先はそのような時ではありません。その着慣れ着古してしまった衣に別れを告げ、今度はいまこのようにして、このノートを通し伝えております新しい衣に替える時となりました。

そうなのです、いま私たちはあなた方が新しく纏《まと》います心地よい衣服を用意しているのです。それは単なる魂のレベル、意識の上のことだけではありません。あなた方の魂がいま宿っておりますその肉体的な衣服の面でも同じように言えましょう。いまあなた方が宿っておりますその肉体は、いついかなる時でありましょうとも、この地球の持っております重力から逃れることは出来ません。もちろん、そのことにより、この地上に安定して住み生きている存在ではありますが、これより先はもっともっと軽く飛躍できる波動の肉体へ、と変化していくはずでありましょう。もちろんそれは、この地球そのものの持つ波動の変化でもあると言えるのです。

そしていま私たちがこのようにして、言葉を使ってさまざまな情報を伝えていますと同時に、あなたの体への働き掛けも行っていますので、あなたにとっては少し酷な状況であると言えるのですが、ここはやはり少しがまんといいますか、耐えていただくしかありません。

そうです。今日の記述の初めに書きました弥勒の名に戻りますと、この新しい情報、つまりこのことがいつの日かこの世に現れます、と言い継がれてまいりました弥勒（未来）、であると言えるのです。

それは決して人でも形でもありません。まずはそのことをぜひ解っていただく必要がありましょう。そしてこのことは実に多くの人々、その魂が待ち望んできたものでありました。そしてこの新しい情報を通しまして、あなた方はいつでもこの私たちの世界へ戻ってくることが出来るはずなのです。

そうです、私達の世界とはどのような世界であると言ったらよいでしょうか。私達の世界とはすべてのものがひとつに溶け合うことの出来る世界でありますが、ごらんなさい、人々の多くはまだまだそこまでには至っていないと言わざるを得ません。

さあせいよ　これからはなおさらに　そなたにはこの私の言葉となり口となって働いてもらわなければならない
私は時により　人によってさまざまな言葉の表現をしていくのだから　時にはちぐはぐな表現となってしまうこともあることを知ってほしい　ひとつのことであっても　それを伝える相手によっては同じ言葉遣い　同じ言い回しでは理解できる者　出来ない者があることはそなたもよくわかるであろうと思う
私はさまざまな表現をとり　さまざまな語り手となり　その者その者の心と魂に向けてアプ

ローチしていくのだよ
せいよ　そなたはそのことをよく承知の上でこの私の言葉となり　口となって働いてほしい
そうである　私の手となり足となってその体ごと私の心を表してほしいと私は考えている
語りかける相手により　どのようにでもその表現は変わっていくのが親切とは言えないだろ
うか
よいであろうか　そのことは必ず必要なことであろうものを

心からの愛を私はそなたに捧げよう
私はるしえる　　愛する者なり

九月二十七日（水）

＊今日もまた、あまりに力が強すぎますのでうまく書けていけそうにもありませんが、とりあえずノートを開きました。この凄まじく強い力は、るしえるではなく、我なるサインのあなたのもののように思います。

私が日毎夜毎、このようにしてこの凄まじい力にさらされながらあなた方の言葉を書き取っているること等、ただ言葉だけでは誰にも信じてもらえそうもありません。もちろん信じてもらう必要もないのですが出来るだけ素直にあなた方の言葉を書き留めていきますので、どうぞもう少しお手やわらかにお願いいいたします。

さあ　私はマーサウ*

良いであろうか　私はいまそなたの前にあっては一人の男　マーサウとして語るであろう

そう　いま私は一人の男である　と名乗ったのであるが　そなたはまことの私がどのような者であるのかをよく解っているのである

なぜなら以前私は　そなたのその体と声を使ってこの私自身を顕し　語ったことがあったのである　その時そなたはまことによくこの私を表現してくれたと思っている　まことに良い試みであったとは思わないだろうか

まことにそなたは　そのような器の者であることをいまここにはっきりと伝えておくことにする

編注
＊マーサウ：ホピの言葉で創造主の化身、または使い

十月十日（火）

＊今日よりまたノートが新しくなりました。
もう今となりましては何か新しいことを書くというより、いわゆるあなた方との日常的な会話の世界になってしまったと思います。

私はこのところずっと、あのニコス・カザンツァキという人の書いたフランシスコに関する本を読んでいます。そしてずい分深く考えさせられてもいます。その時のフランシスコの聖性と苦しみ、もしいま彼が生きていたらどのような姿になっているのか、と思います。


はい、今日はまことに良い日です。

いま私は、あなたという姿をとって、あなたと共にあるのです。

あなたはまずそのことをよく知る必要がありましょう。そうです。いま私達は、いまを生きる実に多くの人達の姿となって、人々の中に生きている存在であります。

さあ、いままたあなたにかかってきました力はますます強くなっているのです。

耐えなさい。耐えなさい。あの時の私の苦しみに比べたら何ほどのことでありましょうか。

＊だめです。もうこれ以上は受けられません。

十月十五日（日）

＊よいでしょうか。私はこのノートの上で一度きちんと説明していただき知っておきたいことがあります。

それはこの間何回か、あのNさんの中に現れてくるネイティブアメリカンのシャーマンと、それに向き合う私の中から現れるマーサウとの関係のことです。

はい、そのことについては、あなたはすでによく知っているはずではありませんか。

まずいまのあなた自身が、マーサウと言いますか、グレートスピリットの力を受けてその言葉を表現することの出来る立場のものである、ということです。そしてそのような表現で語りますそのことこそが、いまあなたの取るべき姿でありますのに、あなたの中にはその自覚も自信も全く育ってはいないようです。

ところで彼女Nさんについて言いますならば、過去世で、と申しましょうか、その昔あのホピ族の中でのシャーマンであったことは否めません。その時のあなたは、人としての存在ではありませんでした。むしろいまの私達のような立場で彼女にさまざまなるアドバイスをしていた者である、といえるのです。そしてその応える役割こそが大いなる精霊グレートスピリットでありました。

グレートスピリットという存在は、その使われております言葉をそのまま理解していただけば良いのです。つまり今人々の言いますところの神に代わる者、という存在のことであります。

*すみません。いま私はあなた方が言おうとしていることについては感覚としてはよく解りますが、それを表現する私の文章力がついていけませんのでこの辺りでかんべんしてください。

とにかく昔々にあったことが、いままた再現された、と簡単に考えることに致します。いえ、再現などという言い方は少し大げさな言い方でした。ほんとはよく解りません。とにかく今回のことは、台本など全くないままNさんがホピのシャーマン役、そして私がグレートスピリットというかマーサウの役になってのぶっつけ本番の芝居をやってみた、ということなのかな？と思います。

とにかくいまは良いでしょう。あなたの好きなように受け止めておけば良いのです。いずれそれは単なる芝居ではないことを知る時がまいります。

さて、これからはいまひとつ別なることについて話してまいります。

いま私たちはこのようにして、あなたのその体、肉体といいますものをさまざまに活用しながら、そのうえになお大きな変化といいますか作用を行っています。そのことはいまさら事改めて言う必要はありませんが、そのことがまわりにどのように影響していくか、という事をこれからは考えていかなければなりません。

そうです。いま私達はあなたの体をこの宇宙的なシステムの中の、コントロールタワー、あるいは地上における変圧器として使っているのです。私達はまず、私達の持つ波動をあなたの波動に合わせる必要がありました。

そのことは、とりあえずは本来あなた自身が持っていた私達にとてもよく似ている魂の持つ波動に加えて、あなた自身のとても素直で柔軟な物の考え方、こだわりの無さ、あるいは絶えず至高なるものを求め続けている、そのきめ細かなバイブレーションそのものに私達の持つ波動をすばやく継ぐ、あるいはのせていく、といったことが出来た、ということです。まずそのことがよくなされなければなりませんでした。（注・この後はエネルギーが強すぎて言葉を文字化するのは不可能になってしまいました。そして伝え主がかわりました。）

さあそなたよ
いま印たるこの星の印は何であるのか　知りたるか
そはまことに私は伝う
この星の印こそは　そなたの印なり
さあ　私はいまひとたび　そなたに言って聞かせるであろう
私はいずれの日にか　この地上のものとなるであろうことを　伝えておく
いまはそのことの為の　備えというものをしている　と思うのが良いのである
いましばしのことであるのだから
そなたよ　よく耐えてほしい

いまひとたび　私はそなたに伝えたいことがある
私は　はや時によりてはそなたの口にて語ったこともある
いまはまだ　このたびのこの力になれていないのだから

文字は書きづらいであろうけれど　いずれまた近いうちに
前のように美しくなっていく
やすまれよ　この力はもうこれにて終わりとしよう
そなたには限界であるのだから

我

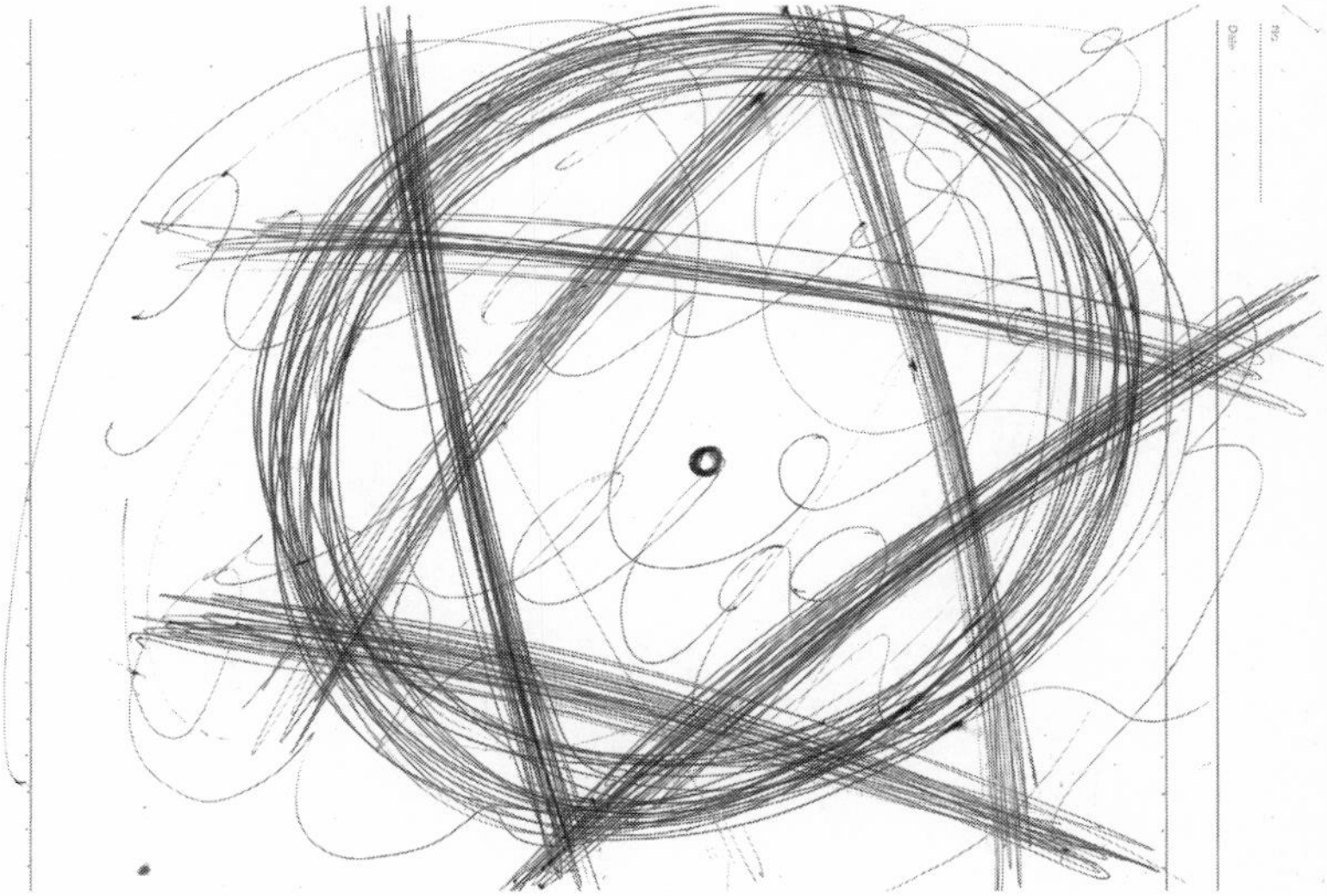

私のノートには、このマークが度々描き出されてくるのですが、その時々で「宇宙のマーク」であり「地球のマーク」であり、私「征」のマークでもある、と説明されてしまいます。

解説　ホピのシャーマンとマーサウについて

この日の記述に出てくるNさんについて、少し書きます。

この方は私の本が出始めてしばらく経った頃、何人かの方々と私のこのノートを本にすることを強力に勧めて下さった工藤治子さんのお住いに訪ねてこられた人です。

私は、ノートを本にしても、読んで下さった方々に逢ったり、話をしたりはしませんから、という条件をつけて本作りを承知しました。でも、このような一風変わった本をどのような人達が読んで下さるのか、その行方といいますか、実態はぜひ知っておきたい、と思いました。それで読書カード（ハガキ）を一枚挟み込むことにしました。

お仕事、年齢、性別、どのような経路で入手されたのか、そして出来ましたら読まれた感想なども書いていただくように、との思いを込めたハガキです。もちろんすべてが戻ってきたわけではありませんが、それなりの数は戻ってきました。中にはハガキのスペースでは足りなくて何枚ものお手紙を下さる方も多く、読んでいますと逢わない条件のはずだったのに、ぜひこの方にお逢いしてみたい、と思う人がどんどん増えていきました。もちろんいただいた方々へは、長短さまざまですが返信は心掛けてまいりました。

Nさんからはお手紙をいただいたわけではありませんでしたが、工藤さんから今日は何人かの人が来られますのでぜひ来てください、のデンワがあり出かけていきました。出かけては行くのですが、集まって来られた方々へニコニコ笑顔で私の本について話をするのは工藤さんオンリーで、私はいつも来られた方々と一緒に聴いているだけでほとんど話はしませんでした。

その時ももちろんそうだったのですが、そのNさんは私の丁度真向かいに座っていました。でも少し時間が経つに従って、彼女の様子がなんだかおかしいのです。正座しているNさんの体がまるで風にそよぐ芦のような状態で、前後左右に揺れ始めてしまったのです。そのうちくるっと後ろを向いてしまいました。一体この人はどうしたのだろう？　と思っていたのですが、そのうち意を決したように前向きになって、「すみませんが座る場所を変えていただきたいのです」、と横の方に座っていた人に声をかけて移動してしまいました。その理由は、私の正面に座っていると私のエネルギーをまともに受けてしまい、体を安定させておくことが出来ないのです、ということでした。

あとで解ったことでしたが、この人のお仕事は気功師さんで、それもかなり強力な気を持つ人だったのです。その後は複数ではなく一人で何度か訪ねて来られて、私達は少しずつ親しくなっていきました。

そしてある年の夏、八ヶ岳の麓にある清里高原で一泊二日の集いがあり、私達は二人で参加することにしました。そこではさまざまな出逢いと沢山の出来事がありましたが、集いそのものが解散した後、私達は涼しい高原の草原でのんびり寝転んでいたのです。ところが、彼女が「私なんだか変なのよ……」、とやおら立ち上がって私から少し離れていきました。「どうしたのかな？」と思っていますと、突然彼女は「ダッダッダッ」と、左右の足を交互に大地に下ろし、というか踏みしめ（手ぶりも加えて）始めたかと思うと、今度は小走りに走りながら片手の手のひらを口に小刻みに当て「ホホ、ホホ、ホホホー」、と叫び始めてしまいました。

大地を踏みしめたり、ホホホー、と叫んだりの繰り返しを見ていますと、丁度アメリカのネイティブな人達みたい、と思えてしまうのですが、当の本人は、「征さんこれって何？いったい私は何やってるの？」、と合間合間で私に問いかけてくるのです。そのうち「なんだか悲しい……」、と泣き出してしまいました。

しばらくしてやっとその動きから解放された彼女は、ドサッ、と私の横に倒れこんでしまいました。そしてさめざめと涙を流して泣いているのです。

「たぶん彼女は、きっとネイティブの人になってしまったのね」、と私は思いました。

それからしばらくして私達は、工藤さんのお宅でもう一度その時のことを再現してみよう、ということになりました。幸い工藤さんは「ちょっと出かけてきますね」、と席を外してくださいました。

とはいっても、どうやったら再現できるのか、など皆目見当もつきませんでしたが、なにしろ私達二人は強力な気、といいますかエネルギー体質ですし、私は例のアッシジでフランチェスコに私の体を乗っ取られた体験以来、いわゆるそういう意識体をチャネルすることは、ごく当たり前の事になっていましたので、その筋でやってみよう、ということにしました。

その頃Nさんの方も、私とはまた異なった意識体をチャネルするようになっていましたので、まず彼女の方の意識体に語ってもらうことから始めていきましたが、まもなく彼女は清里高原の時の姿に変化していきました。

今度は足を踏みしめても、その足元は絨毯なので高原の時のような音にはならないのですが、代わりにまるでゴリラのドラミングのようにして両の手で胸を交互にたたくと、バン・バン・バンッというかドン・ドン・ドンッというのか、不思議なリズムの音が生まれていき、そこでまた例の「ホホホーッ」、が入ると本当にネイティブアメリカンの人達そっくりになっていきました。ところがその時本当に不思議なことに、窓の外から本物の太鼓の音が「ドンッ・ドンッ・ドンッ」と聞こえてきたのです。後でそれはすぐ近くにある幼稚園の子どもたちが運動会のおけいこで太鼓を打っていたらしい、と解りましたが、その時はそんなこと全く知りませんので、いきなり始まった本物の音にはびっくりしてしまいました。

その時彼女の方のドラミングは終わっていて、静かに跪《ひざまず》き、両手を下に広げて頭《こうべ》をたれ、「さあ私は、この種族の長《おさ》としてあなたさまに祈りの舞を捧げましょう……」、と言って静かに立ち上がりました。そして今度は声を出さずに、例の大地の踏みしめと、ホホホーのしぐさの後静かな舞を舞い、「あなたさまのお言葉を入れて下され」、とまた跪いてしまいました。私は、といえば、いつの間にか彼女の真ん前に立っていて、「よい、今宵はまことによい月明かりになった。そなたのその祈りと舞とを私は心より嬉しく受け止めた。ところで、今宵はそなた達ホピなる種族の行く末を語らねばなるまい。否、ホピなる種族のことばかりではない。これより先のこの地上に生きる諸々の人なる者の行く末のことである」

とかなんとか、私の口は勝手にしゃべり出してしまいました。

それは、このホピなる人々がこの地上に置かれましたことの意味、というか役割、それは長い時代を通して受け継がれてここまで来たのであるけれど、いまのこの時代、その頸木《くびき》は解き放たれ、この地球というひとつの星全体の問題として考えていかなければならない時が来た。人はどのように生きるのか。人々の前にはホピの石板に描かれたように、いつでも双《ふた》つの道が置かれている。この世の文明を勝手気ままに謳歌し、好きなように生きるのか、それともこの自然界の他の生き物たち、他の動植物たちに援けられながら自然の掟に従い、自然と共に生きながらえるのかは、いまを生きる一人一人の問題であり責任であるのだから、ホピのシャーマンよ、もう静かに己れの人生を歩むがよい。人の先に立って走ることはない。もうそれは終わりとする時が来たのだから、とまあそのような内容のことを尤《もっと》もらしい威厳を保った姿勢と、太く大きな、まるで龍の吠え声のような呼吸音を発しながら語り続けました。その間彼女は同じ姿勢を保っていましたが、私の方の語りが終わりますと、やおら立ち上がり、今度はなんだか晴々とした表情となって、「ありがたきお言葉、これよりは言祝《ことほ》ぎの舞を舞いましょうぞ……」、と言ってまた、大地（絨毯）を踏みしめ、ホホホーと声をあげたりくるくる回りながら舞い納めました。

すべてが終わった時、私達は思わず顔を見合わせ、「これっていったい何？」、と笑ってしまいましたが、なんだかずっしりとしたものが心に残りました。

十月十九日（木）

＊この新しい力に絶えず耐え続けていくのは大変です。
また同じことを言っていますが……。


しかしあなたは、いつでもずっと耐え続けてきたのです。ですから今回もまた耐えてくださるのが良いのです。

いまあなたの体はとても風通しが良くなっています。ですから私達の持つこのとても強力なエネルギーさえもその体は何の抵抗も示さず受け入れ、通過させていくことが出来ています。

今朝、とても涼よかな風があなたの体を吹き抜けていったような、その心地よい感触というものはそのことによります。

日毎に強くなる力の強さに耐えるのは、確かに大変かと思いますが、そのことによる見返りもまた充分にあるはずなのです。

いま何より大切なことは、そのようにしてこの私達不可視の世界の者が持っていますエネルギーというものを、何の抵抗もなく受け入れ、その体の中で回転させ他へ放出していくことが出来るようにならなければなりません。

そうならなければ、あなたの体はこの強すぎる力でずたずたになってしまうことでしょう。つまり私達の力を百%使いこなしていけるようにならなければ、あなたの体の疲労度が大きくなってしまうということです。

そのことは、今のあなた方の周りにあります物質に例えて言うことも出来ると思います。それは今のあなた方の生活の中にすでに入ってきていますひとつのもの、いわゆる超伝導体がそれであると言えます。

電気を通すための抵抗、というものが全くない場合、その使われます電力量は百%無駄なく活かすことが出来ます。しかもそれは、決して途絶えることなく永久に使い続けていける、といったより高度な特性を持っている、ということが出来ます。ですからそのことは、これから先ますます大きな役割を持って、あなた方の生活の中、社会の中で利用され位置づけられてまいります。

そのことによりあなた方の社会の在り方、科学の世界にありましてもこれまでとは大きく変化した価値観、あるいは経済的な動きなどが生まれてまいります。いまはまだこのことは、一般的にはあまりその価値とか役割といったものがよく認識されてはいませんが、いま少し先の社会になりますと、そのことは主流となり、あなた方のさまざまな分野でその力を十二分に発揮してまいります。

そのような時代になりました時には、いま現在なかなか問題の解決が得られないかに見えます事柄についても、すみやかな回答と解決策とが与えられていくことと思います。

さあここで、今度はまたあなたの体、肉体の方に話を戻しますと、いま私達はその肉体を、超伝導体式に私達のエネルギーを全くムダなく通すことの出来るものへと変化させている、と思っていただきたいのです。

いまあなた方は、その肉体といいますものをどのように考えているでしょうか。非常に便利なものでありますが、まことに不便なものでもある、とも言えるのではないでしょうか。しかしその肉体といいますものはあなた方がこの地球上で生活、生きていく上ではなくてはならない非常に大切なものでありましょう。その肉体があって初めてこの地上での人としての生活、生存が成り立っているのです。

しかしその肉体といいますものは、まことにもって気の巡りが悪く、大変なる抵抗体であるとも言えますでしょう。ことにこのような私達不可視の者のエネルギー体、バイブレーションそのものである意識といいますものは、あなた方の肉体のもつまことに頑固で大きな抵抗力の前で、全く通過することの出来ない状況というものを醸し出しています。ですからあなた方人々はその日常的な生活の中で、少しも私達の気配を感じ取ることが出来ずにいるのです。

さて、いま私達はあなたのその体を、私達のエネルギーを百%無駄なく受け止めていただけるよう変化させているのですが、その私達不可視の者のエネルギーといいましても、それはまことに多種多様、さまざまありますことはすでにあなたは解っていることと思います。

それは波動の持つ粗さ、きめ細かさで表現することが出来るのですが、いま私達があなたに受け取っていただきたい力、波動といいますものは、その多種多様にありますものの中の最もきめ細かな力のことである、と知っていただきたいのです。それはこの私達の波動よりもさらに緻密で高いもののことです。

この間あなたは、何度もその力の余波を受けてきましたから、それが何であるかはよく解っていることと思います。その力は、いまはあなたのノートでは「我」、のサインで語りかけてまいりましたその意識そのものであり、あらゆるものの源であるその力をそっくり受け止め、流し、活かしていくことの出来る肉体的器となっていただきたいのです。そのような器となる肉体をいま私達はこの地上にぜひとも置きたいのです。

いえそのことは私達の考えではありません。このような言い方をしますとあなたはいつでも嫌がってしまうのですが、これらの事柄、計画、といいますものはいまに始まったことではありません。すべてははるかな昔からあなた自身によって予定され計画されていたことなのですから、私達はいまその計画に沿って行っているにすぎません。

このことは必ずなされなければなりません。

そうです、いまあなた方地上にあります人々の体は、いずれすべてこのようにとても軽く、すべてのものを抵抗なく受け止め流し、活かしていくことの出来るものへと変えられてまいります。そのことの為のいまはひとつの準備を行っていると言えましょう。

そのことの為にはまことに素直な心の在り方が必要でありますが、そのことの下地としましては、以前あなたにより解放されましたあの新しい気、といいますか、エネルギーの力が大きく働いてまいります。いまあなたのその体をどのような仕組みで変化させているかは、もちろん今は誰方にも理解されることはありません。しかしこれより先、時代はさまざまに移り変わり、変化してまいります。

その時あなた方人々は、いまとはすべて異なった力と体の機能を持って生きることになりましょう。そのことはすべての人がそうである、と言えるのですからいまは解らないことも、その時には解き明かされてまいりましょう。

新しい時、新しい時代といいます時、その時あなた方はどのような者となって生きているのでしょうか。そのような時代には、またその時代にふさわしい肉体があります。

そしてその時代とは、これまでもお知らせしてきましたように新しい「気の時代」、でありましょう。人々の体は、その新しい気、といいますものをよく体現できるように創られてまいります。

これまでの人々の洗礼は水によってなされ、水によって象徴されてまいりました。ですから、あなた方の体の大半はその水、水分によって構成され、成り立っているといわれております。その水、水分とは、つまり血液でありましょう。そしてその沢山の血液、水分によって構成されています肉体、体はとても重いものであります。しかしこの先の新しい時代、新しい世界に生きることになりますその体は、まことに軽い、気といいます生命のエネルギーによって司られるものへ、と変化していくことになりましょう。

その気といいますものをあなた方は、その体の中でよく受け止め流し、活用することが出来るようになりますと、自ずとその体は軽さの感覚をよく表現することが出来るようになってまいります。いえ、そうならざるを得ない、ということでありましょう。

いま私達はそのことを、あなたの体を通して実現化しようとしているのです。しかし今といいます時代は、この先の未来の状況とは全く異なる、といいますか、まだまだこれまでと同じ重力の中で生きるようになっているのですから、大いなるギャップが生まれてしまうことは避けられません。そのことがつまりはあなたをとても厳しい状態にしている、という事になってしまいます。

しかしこのようなことを本当に理解できる者の数はまことに少ないと言わざるを得ません。ほとんど無い、といっても良いくらいのものでありますが、このことは人に理解されるとかされないとかの問題ではありません。たとえだれ一人理解できなかったとしても、人に先がけてなされなければなりません。

すべては成るようになってまいります。そしていつの日にか、私達すべての源であります宇宙意識のエネルギーそのものが、あなた方の中を人となって歩くことをなさいます。

善きことのありますように
心からの愛を　愛しているのですよ　まりあ

十一月一日（水）

＊今日は久しぶりに少し時間があります。
この間の自分の中の変化というものは何かとても信じられない思いです。あなた方のことは、いままで以上に実在感があるのですが、逆に自分のことがわからなくなってしまっているのです。

こんなに近い存在としてあなた方を感じていますのに、やっぱりその正体がよくつかめない、といった思いもなくなってはいません。そしてこの私は、どのようなことになっていくのかと思います。

それよりもいまは、昨日のるしえるの愛についての話をもう少しきちんと書いておきたいと思います。


はい、そのことはもちろんそうである、と言えましょう。

私達はいままで、あのるしえるの力そのものがとても大きな愛の力である、とこのノートの上で度々語ってまいりました。ただそのことをこれまでは、あまり直接的な形での宇宙創造の話に結びつけることはしてきませんでした。これまでこの〝愛〟という言葉は、彼いえすの大きなテーマであったからと言えましょう。

彼いえすは、それまでの形だけの戒律に縛られ、全く身動きの出来なくなってしまっていた多くの律法学者であるとか、狭く小さく狭められてしまった律法の解釈のもとに生きる多くの人々の暮らしの在り方を、大きく打ち破ろうとした者でありました。

そしてその打ち破る戒律の代わりのものとして差し出されたものが、〝愛の力〟の提唱でありました。

人々がまことにより神に近づくために、そしてよく神に知られるためには心からなる愛の姿で生きますように、と彼いえすは人々の前に強くやさしく、はっきりとした言葉で語りかけ、訴えたのでありました。

その当時の人々にとって、彼の言う〝愛〟という言葉はどのように受け止められたのでしょうか。

よくあなた方は次のような言葉を耳にし、目にすることはなかったでしょうか。それは聖書の中、あるいは聖職者の方々がよく口にする言葉なのですけれど、「その独りごを賜りますほどに神は、世を愛されたのです」、という表現の言葉なのです。

つまり神は、その大切なご自分の独りごを世の人々の前につかわし、その人々がどのような思いと行いで生きていくのが良いのか、ということを教え導くだけではなく、人々がさまざまに行い積み重ねてしまった沢山の罪業を、自が生命を十字架にかけてまで天なる父、神に許しを請う、という大いなる愛の姿を人々の前に成してみせた、ということであります。そのことにより、その後は自分のことはさておき、まず他者のことを思い他者を救いとる、といった行為こそが善である、つまり博愛の精神が高い評価を得る、といった社会構造が出来上がってまいりました。そして、その大いなる実践者こそが、かのインドという地にて大いなる救いの業を成し遂げましたマザー・テレサその人でありましょう。

彼女は彼女の眼に映るすべての貧しき人々、飢えたる人々、病む人々、苦しみや悲しみにさいなまれる人々の中に常にキリスト・イエスの姿を見ようとしていた、と言いますか、見ていたと言えましょう。つまり彼女の行為は誤解を恐れず言いますと、そのような人々の姿をとった主イエス・キリストを助ける、救い上げる、ということでありました。そしてその行為こそが神を喜ばす行為であったと言えましょう。

もちろんこれは彼女を非難しているのではありません。ただキリスト者としての立場の者にありまして、その行為は、その組織の最高責任者である法王の許可なしには行うことは出来ませんし、その組織の持つ教義の範疇から飛び出すこともできません。いつでもそのような縛りの中での行為とならざるを得ません。すべての行為の帰結は、その組織の持つ神のもとに行かざるを得ません。しかし何であれ、あのようにして多くの人々が飢えから逃れ、また人に看とられて死に、旅立っていく、という事実は大いなる価値ある愛そのものでありましょう。他にもそのように他者のために尽くした人物として、故シュバイツァー博士の名などをあげることが出来ますが、そのような人々に対して多くの人々は、「まるで神様のような人」という称賛の言葉、思いを抱くことになりましたが、逆にそのような人物からは遥かに遠い、そういう人にはなり得ない自《お》が姿を卑下してしまうことにもなってまいりました。当然そこには神に愛でられる人と、そうではないものとの分離が生まれてまいりました。

そうです、彼イエスの名によって提唱されました愛とは、そのようにスケールの大きな博愛の精神、というものでした。そして神のもとに生きる、他者のために生きる、神仏に仕えて生きようとする時、多くの人々はまず親子、兄弟、姉妹といった肉親の情愛を断ち切る、ということを致してまいりました。

つまりは出家、という行為でありました。そこには当然悲喜こもごもさまざまなドラマが生じました事は言うまでもありません。あなた方がすぐに思い浮かべることの出来ますのは、イエスや仏陀、ふらんしすこなどの名前ではないでしょうか。それより遠く遠く遡る歴史の中に、アブラハムにその最愛の息子の命を差し出すように、とつめよったエホバの名をあげることも出来ましょうが、そこまでではないとしましても、肉親との縁、絆を断ち切って神仏の道に入った者の歴史、そしてその数といいますものは、もはや言葉にすることも出来ないと言えるのです。そうした存在の代表格でもあります彼ふらんしすこのその姿の中に、それはより象徴的な形で表されているのです。

ですからこれまでは、まことに神の愛に生き、神の道を求める、と言いますことは、とても厳しく勇気のいることでありました。そのうえに、その道に入りました人々はさらに神仏に近づく、と言いましょうか、悟りを得るため、と言いましょうか、ことさら厳しく自が身を浄く保つための厳しい修行というものを行ってまいりました。

人にとって何がいちばん害悪であるのか、と言えば、人の物を犯す、人の心を冒す、人の生命を殺《あや》める、といった罪悪の他に、いわゆる色欲、姦淫といったことなどもとんでもない大罪として扱われてまいりました。

また誰もがよく知りますところのエデンの園、その園に住まわされていた神に愛でられたアダムとエバの物語がありますが、その一人の女であるエバが悪魔であるヘビのそそのかしに乗ってしまった行為が、キリスト教界では原罪とされ、この二人を始祖としてこの地上に増え増えていった人類すべての、その一人一人は生まれながらにして罪人である、というレッテルが貼られてしまいました。つまりそれは今日に至るまで、「生悪説」の名で取り扱われているものでありますが、これまでの社会通念で言いますならば正式な婚姻関係ではない男女の愛、それに伴います行為はすべて大罪とされ、厳しく非難され処罰されてまいりました。

そうです、人が人をひそかに想い恋い慕う、そのことさえもそれが人に知られようと知られまいと罪である、といった教義は長く力を持ち、ことに宗教者は己を律する為にどれほどの苦しみをなめたことかと思います。それはやはり、ふらんしすこの生きた姿の中によく表されているのです。

しかし、どのように律し処罰されましょうとも、人の心には絶えずさまざまな愛の心が揺れ動き生じてまいります。それは人間、人という存在が創られたその動機そのものが、愛というものであったからなのです。

これまで述べてまいりましたように、愛の形はさまざまにあります。まず人類愛、この自然界をこよなく愛する神の心にも似た大いなる愛の心、友人や肉親に対する情愛、また肉体的情欲とも言える愛。それぞれ異なった響きを持つ言葉、全く違った意味であるかのようにみえるその言葉の裏にも、私達はこの宇宙を絶えず創り続け司どり続ける神なる宇宙意識の愛、というエネルギーが流れ続けていることを知っているのです。

すべての源はもちろん何もないかにみえる無そのもの、静寂そのものでありますけれど、そこに初めて巻き起こりましたひとつの思考、ひとつのイメージ、宇宙創成というドラマを引き起こすための大いなる力であるひとつの想い。それこそはいま人々が愛、という言葉で表している想いそのものである、と言えましょう。

さあ　私は愛する
誰を？
そなたを　私はそなたを愛する
私は愛するそなたの為に
これからこの無なる世界の果てに　大いなる宇宙を創っていこうと思う

誰の為に？
そなたの為に　愛するそなたの為に
そして私の為に
そしてそこから生まれるすべての創作物の為に
私は私の持てるこの力　愛あるすべての力を使って
いま在るそなた達すべての者の為に
希望ある美しい大蒼《おおぞら》を創っていこうと思う

この私の中には
まず初めに　愛　という想いがあったのである
愛する者の為に　私のすべての創作物はあった
私によって創られたすべての創作物の為にこそ
私の創作というものはあったのである
私は　私の創ろうとしていたすべてのものを心から愛し
恋焦がれていたのであった

そのような者は　誰であるのか
そのような愛多きものこそは　私である

人は誰であれ　その何か行動を起こそうとする時
何かを創り出していこうとする時
その心にはきっと　そのことの為の何らかの想い
動機　というものがあるのではあるまいか
そうである
私がこの大いなる宇宙　天体というもの
そして数々の星々
その星々の中でもさらに愛でたる
この地球というもの
それらのすべてを創る時
私にはひとつの夢　動機というものがあったのである

動機のない創作というものはない

私は　私の愛する者の為
私の愛する恋の対象として　これらすべての宇宙というものを創ったのである
私の創作の動機というものは
それらすべての源となる力　エネルギーとしての　愛である
そうであるから　私の愛さないものは何ひとつない
すべてのものは
私の愛の為の表現というものであった
私の愛の顕れである

そなたは　それが何であるか解るであろうか
私は　この私と共に　これらすべての表現物を共に創り
共に喜びあうことのできる魂の仲間達を　先に創り出したのである
私の他には　何も無かったのである
私の他には　何も無かったのであったのだから
私はこの私自身を分け
私の愛の対象物を創り出していったのであった

そしてそして
その太初《はじめ》の者は私を分けた　そなた自身であった
そのことを私は　そなたに伝えたい
そなた自身は　この私であったのだから
私は私を愛するように　そなたをとても愛している　といつも言っている
そのわけ　いま少しはわかったのではあるまいか

私は共に分かち合う愛の動機により
愛の想い
愛の心
愛の力
愛の欲望の為にこそ
すべてのものを創ったのである

そうである

私が昨日そなたに伝えたかったことは　このことである
さあ　いまはこれだけの話で終わりとしておこう
またすぐに語って　そなたの力のもとで私の想いをよく表していこうと考えている
このことは私である　私であることを忘るな

愛ある波動をそなたのもとへ　るしえる

十一月三日（金）

＊今日も朝からとても強い力がかかり大変でした。でも良い一日でした。ところでこの前書いた〝神〟についての語りは、もう一度整理しておきたいと思います。でも今夜はもう眠くてかないません。

そうです。その話はこの新しく開いたノートの初めに書くのにとてもふさわしい話かもしれませんね。

でも良いでしょう。そんなに眠いのなら今夜でなくても良いのです。でも少しだけ話すと致しましょう。とても大切な話ですから。

そうです。いまあなた方が人としての長い歴史の中で、一般的概念、あるいは通念として知っている〝神〟といった言葉、あるいは存在についてのことなのです。

この地上にありますさまざまな地域、そして国々、またはそうした中で生きるさまざまな立場の人達、みなそれぞれに〝神〟というものの捉え方は異なっていると言えましょう。しかしそれらがどれほど違っていたとしましても、白を黒、黒を白というほどには違ってはいないのです。

世の中のありとあらゆるものを統《す》べる者こそは神であり、その神なる存在は、すべての物事を善なる方向へと導いてくれる存在、という在り方はさまざまな違いを超えて共通する考え方である、と言えましょう。

しかしその善なるもの、悪なるもの、つまり神、に対しての悪魔といった色分けこそが非常に人間的な感覚そのものである、と言えましょう。

そうです、これまでの〝神〟という概念は人間的感覚の中で形づくられてきたものであります。ちょっと眠たすぎるようです。後にいたしましょう。

十一月四日（土）

＊昨夜はあまりに眠くて途中でやめてしまいました。
今日もまたとても忙しい一日でした。

昨夜の話は途中で途切れてしまいましたが、良いのです。続けていくことはいつでも出来るのですから何も心配はいりません。私達が昨日話し始めましたことは、あなた方人々の中にこれまで理解されてまいりました神なる存在を否定し、消し去ろうとするものではありません。私達がいま、しっかりよく知っていただきたいと考えています神なる概念については、すでにこれまでのノートの中で度々話し、伝えてまいりましたので、今更ここで述べる必要はないと思いますがどうでしょうか。

つまり簡単に言ってしまいますならば、善も悪も、そうです、光も影もすべての現象はすべて神なる宇宙意識の現れそのものであるということです。

十一月八日（水）

さあ　私は誰であるか　いまさらこと改めて名乗ることもあるまい
私はもちろん　私である
いまはもう私に名前などはいらない　私はまことに私自身というものであり　そなた達すべての名前となっている者でもあるのだから　まことに私の名前は数多くあり　私以上に沢山の名前を持っているものはないのである
私はまことにそなた達すべての者であり　そのそなた達が経てきたすべての経験ともなっているのではあるまいか
私がそのすべてである　ということの概要というものをしかと知る者の数はまことに少ないのである
人はまだ　これらのことはただ単なる言葉の上での観念　といったものの中でしか理解できてはいない
しかし待つが良い　しっかりと待つが良い　いずれすべてのことをしっかりと理解するときがやってくる　そなたも共に待つが良い

私となって待つが良い

私である

十一月十日（金）

今日あなたは、一つの力の変化というものをみるでしょう。

それはこれまでのように、この九日、あるいは十日といった日付ごとに表されてきた力の変化ということでもありますが、実際にはすでにこのひと月毎のサイクルからは解き放たれているのです。

そしてこれから先、あなたの前にはさまざまなる力、〝気〟に関する情報というものが示されてまいりましょう。

そのことはまことに当然といいますか、必然であり、これから先の世の在り方、人々の進むべき世界の在り方を如実に現すものであると言えるのです。

しかし良いでしょうか。その〝気〟に関する情報といいますものはさまざまに入り乱れ、大きな混乱というものも引き起こしてしまいましょう。またその〝気〟を扱うものはビジネス化していく場合も起きてまいります。また、この人の目には見ることの出来ない気の持つ不思議な力の働きは、多くの人達を、いわゆる霊的、あるいは超常的世界へ誘っていくことにもなってまいります。またこの気の力は大きな治癒力となって現れてもまいります。

これらのことはいまさら事改めて述べていくようなことではありませんが、そうです、あなた方の世界には昔から気を操る気功術というものがすでに存在しておりますので、その働きのことをよく知る者の数はまことに多くありますが、これからはそれがさらに一般化していくことになってまいります。

前にもすでに伝えてありますが、これまで〝命の水〟といった表現で語られてまいりましたものが、これから先は〝命の気〟、といった表現になっていくということでもありましょう。

さあ今朝はこのあたりで終わりと致しましょう。今日はあなたの中で絶えず変化し、強められ湧き出してまいります力、気の働きにちなんで話を致しました。よいでしょうか。

あいしているのですよ　　まりあ

十一月二十八日（火）

＊なぜでしょうか。いま私はたまらない虚無感の中にいるのです。なんだかすべてのことが中途半端のような気がしています。でも、いまこのようにして書き始めますとすぐさまこのようにしてあなた方の力、その気配をとても強く感じとることが出来ます。そのこと故に、いま私は自分がひとりではない、孤独ではない、ということを知ることが出来るのです。

いまあなたが成さねばならないことはとても沢山ありますから、どこから手を付けて良いのかわからないのかもしれませんね。

いまそのようにして、あなたの胸の中に吹いているむなしいすきま風のことはとても気になっています。

いま私達はこのようにしてあなたと共にいるのですから、このことこそが真実というものです。ほんとうに人の一生のうちにはいろいろな生活空間、時間の過ごし方というものがあるのですね。いろんな一瞬一瞬である、とでも申しましょうか。これまでのあなたの生活の在り方があまりにも日に追われ、時に追われ、さまざまな問題を伴った人から人に追いまくられる生活でありました。また四人の娘さんたちの子育てからも手が離れ、あんなにも情熱をこめてやっていた白保のことからも離れてしまった今、あなたの心には一気に虚無といいますか虚脱感といったものが巣食い始めたのでしょうか。

あなたはいつでも絶えず何かに追いまくられるあまり、落ち着いて考えこんでもいられない、そういう条件の中で本当に生き生きしていることが出来たのかもしれませんね。

あなたにとっての〝考える〟、ということはそのまま〝行動する〟、ということでもありました。ですからいまのような何かすることがあるような無いような、の状態はむしろ苦しいことに違いありません。

とはいえ、ごらんなさい。あなたは決して何もしていないのではなく、ごく普通の他の人達に比べたらどんなに忙しい日々を送っていることかと私達は思います。それどころか今のあなたは、このようにしてこの私達と共にまことに大切な事柄を次々と行っていこうとしているのです。

これまでのあなたの行動は、具体的に目に見える形のものでありましたけれど、いまこのようにして私達と進めていきます事柄は、決して人の目に行動として映ることはありません。

しかしこのようにして、その一日一日を私達と共なる行動、つまりそれは、あなたによるこのような筆記という作業のことになるのですが、そのことの積み重ねによって少しずつ、人々の心が辿っていくことの出来ます道、というものが出来上がってまいります。何も目に見える道だけが道ではないことはあなたにもよく解ることと思います。

そうですね、いま私たちがあなたに伝えています多くの事柄は、ひとつの書物という形で人々の眼にふれ、心にふれてまいりましょう。

どうでしょうか、とても大きな具体性を持っているとは思わないでしょうか。そしてその書物の内容と言いますものは、これまであなた方人々が長い長い歴史の中で絶えず求め続けてまいりました、人としての魂の本質、霊なる存在についてをつぶさに語り、解き明かすものとなっているのです。

いまの世の中、社会ではこのようなことに関心を持つ人持たない人、さまざまに分かれているかに見えますが、その分かれているかに見えるすべての魂にとっての確かな答えをこのノート、いえ書物は用意することができるのです。

もちろんこの地上に生を受けております無数ともいえる一人一人、ひとつひとつの魂にとりまして必要な答えといいますものは、それぞれに異なっている、とも言えますが、まとめてみればみな同じである、と言えましょう。

さあ今日はこれくらいといたしましょう。少し気持ちは満たされてきましたでしょうか。

あいしています　　いえす

一九九〇年
一月一日（月）

＊新しい年です。良いことが沢山あるでしょうか。

一九九〇年、いいですね。すっかり気分が改まったような気がしますでしょう。そうです。確かに気が改まってきているのですよ。

ごらんなさい。いまあなた方の周辺ですとか、社会情勢の上での変化の兆しといいますものをいまあなた方人々は、大きく小さくさまざまに感じとっているのではないでしょうか。その変化はこの地上のあらゆる場所、地域で起きているのです。それは地球的な環境問題であるとも言えましょう。そのことにこれから先どのように対処していくのか、対応していかざるを得ないのであるかは、いますぐにでも考えていく必要があるのではないでしょうか。

今日あなたが久しぶりに見ましたテレビ番組の中では、この地球の持つ重力や引力について語られていました。

そのことは今のあなたやこれから先の地球上に住む人々にとって、どのような力、意味を持っているかをよく言い表していたのでは、と思います。

いまあなたはこの私達によって、重力のない体、といった操作を受けているのです。あなたは、この地上での生活をしながら、非常に軽い、つまり無重力の中にいるような感覚を体感しているのではないでしょうか。あなたは、その腕、あるいは体全体が浮いてしまっている、といった無重力感を体験しているのです。それはこの地球上のルールに反するものである、と言わなければなりません。

この地上には地上なりの掟、ルールがありますから、そのことからはずれてしまいますと、何かと不都合が生じてしまうと言わなければなりません。

しかしいま私達があなたの体を使って行おうとしていますことは、そのようなルールからはずされたものであることは言うまでもありません。この先の地球の気圧の変化はすでに避けがたいものとなっています。必ずやあなた方は大いなる過ぎ越しの時を迎えることになりましょう。

もちろん今すぐと言っているのではありません。時間はまだあります。しかしあなた方人々は必ずやこの地上に在りまして、非常に切なる気圧の変化、大気の希薄化を体験せざるを得ません。それはいますでに騒がれていますす天空のオゾンホールとの関係ばかりではありません。それはあなた方人々の生活に伴ったさまざまな自然破壊、環境破壊が大きな原因であることは誰方も否定できないことと思います。

　具体的に申しますならば、この地上にくまなく繁茂していました数知れぬ緑の植物、あるいは清浄なる澄んだ海水の中で繁茂していましたサンゴや海藻たち、そのようなものが次々とこの地上、あるいは海底といいますか海中から凄まじい勢いで姿を消しつつあるいま現在の状況を見ますならば、それは火を見るより明らかなことでありましょう。どのようにあなた方人間社会の科学が発達発展しましょうとも、この大気そのものを作り出したり再生したりは出来ないのです。

　あなた方のその肉体は、この地上的な環境の持つ条件に適した形に出来上がっているのですから、それらのものが急激に変化、いえ失われてしまいますとその条件から外れてしまい、生き続けることが難しくなってまいります。この地上的な肉体はそのような条件の下に創られているのです。

　あなたは今日、あのテレビによる画像によって、ロケットと共に宇宙空間に打ち上げられました宇宙飛行士達が、しばらくの間その無重力の中で生活し、久しぶりにこの地上に戻ってきた時どのような現象が起きるかを知ることが出来ました。

　彼等には、その歓迎の花束さえも鉛のように重く感じられてしまい、この地上に上手く立つこと、歩くことさえも出来にくくなってしまったのです。

そのように重力のある世界と無い世界とでは、体の動かし方、筋肉の使い方すべてが異なっております。あなた方が日々行っていますすべての動き、動作といいますものは、何にせよこの地球の持っています重力と引力の中で可能な事ばかりなのです。この引力による重力の働きがあって初めて構成されている肉体であると言えましょう。

しかしこれから先、それらは大きくバランスを崩し変化してまいります。

いまにあなた方は、その何気ない呼吸さえもままならなくなる時があることを考えておく必要がありましょう。

それは遠い将来を考えなくても、この地上にはいま現在、実際にそのような地域、場所は多く存在しております。それは海中（水中）ですとか、標高の高い地域などであると言えますが、当然、そのような処に住む人々の肺のつくりは他所の者とは異なっておりますし、魚たちのそれとも違っていると言えましょう。

いまそのことは非常に限られた特殊なものであると思うのかもしれませんが、そうではなくなる時がまいりましょう。その時人の肉体はどう変わっていくのか、そのことをあなた方はよく考えてみなければなりません。

そのことはまた、他の天体についても同じように言うことの出来る肉体的条件である、とも言えるのです。

しかしあなた方のその魂、霊魂といいますものは、必ずしも絶えずその肉体と共にあり続けるわけではありません。いまひとつ別なる存在でありますことも事実ではありますが、いまはこの地上の者として、いつまでこの大切な地球と共に在り続けていけるのかに心の眼をあわせていただけますように、と私達は年頭のご挨拶にしたいと考えているのです。

あいしているのですよ　私達

一月二十六日（金）

＊今朝は面白いことがありました。学校に運び込んだふたつの一斗缶の重さが極端に違って感じられたのです。ひとつは醤油でひとつは油でしたが、確か重量は同じはずなのに、でした。それで計ってみましたが、重さはもちろんその通り同じだったのです。一体どういうことだったのかな、と思いました。

はいそうですね。そのようなことはこれまでもあなた方の生活の中では度々起きる、といいますか経験されていることだと思います。

ひとつの物を持った時、とても重いと感じるか、軽いと感じるかは全く個人的なものであると言えるのです。万人が万人、ひとつのものを同じように感じる必要があるでしょうか。その感じ方は人それぞれであって当たり前のことですね。その方が大切であり面白いのです。

しかし今日あなた方はそのような、つまり同じ重量であるはずの物を片方は重く、片方は軽いと感じてしまったのでした。そこであなた方はなんで？　と不思議に思い実際に計ってみることを致しました。もちろん重量に違いはなかったのです。いったいそれはなんだったのでしょうか？

そうなのです、そのふたつの容器には異なったふたつの力が働いていました。ひとつは広がる力であり、もうひとつは縮まる力なのです。

このことはこれから先、私達が取り上げてまいります話のテーマをより分かりやすくする為によい材料となってまいります。

今朝あなたは、これは綿と鉛の関係では、と彼女に話しました。

つまりそのふたつの物の持つ重心がどこにあるのか、といったことでありましょう。その重心がとても高い位置にあるのか、低い位置にあるのか、で同じ重量の物でもあなた方の感じる重さはとても大きく変わってまいります。

これまで度々話してまいりました広がる力と縮まる力のことでは、ほとんど重力の事にふれてはきませんでしたが、全く関係ないということはありません。

そうですね。広がります力はその重心が絶えず外へ外へと移動している、ということなのです。そして縮まります力はもちろんその重心が中へ中へとせめぎ合って移動し、一つの塊となってまいります。

重心がどこにあるかは、その重量を感じる上でとても大きな働きを致します。

今日の出来事の中にはそのような面白い事柄が表れていました。これから先もこの重力の問題、つまりは地球の持つ引力との関係のことを私達は度々取り上げていきたいと思います。また後のことに致します。

いえす

一月二十九日（月）

*今晩は、この頃はいつも眠くて困ります。

書き始めるとすぐに眠くなってしまいます。でもひとつ書いておきたいのは、いつでも、いつまで経っても何かに不満を持ち、不服な思いを持っている人とお付き合いしていくのはとても疲れて困ります。

はいそうですね。その人の中にいつもある小さな、あるいは大きな不平や不満、いえ不満足と言いかえてみる方がいいのかもしれませんね。何時まで経ってもすべてのことに満足しきれない心は、とても歯痒くやっかいなことですけれど、そのことはとやかく言うほどの問題ではありませんね。いつでも何に対しても不満を持つと言いますか、これで良し、の満足を得ることの出来ない性格を持つ人はずい分多いと思います。

しかしこのような事だけではなく、人の心の持っていますあらゆる感情といいますものはすべて、その人自身の中でしか変化をきたすことはできませんね。その人自身が自分でそのことに気付いていくことでしか変化はありません。いつまで経っても不満だらけの世界に浸りきっているのです。何を見てもきいても、つい一言二言何かを言わずにはいられないのがそのような人の特徴でありましょう。

しかしそれがそのひとりの人のすべてではありませんね。そのような特徴をもった人格ではありますけれど、それがすべてという訳ではありません。

これまで私達がこのノートを通して絶えず話し続けてきましたことは、例えそのことがどんなに険しく煩わしいことであったとしましても、それをあるがままに認めていくということでした。あるがままの自分を認め、あるがままの人なる姿を認め、あるがままのすべての状況を認めていくことがすべての満足と安心の世界への門口であり、それ以外のテクニックは何もないということなのです。

しかしこのような言い方をしますと、必ず出てくる反論の言葉があります。つまりそれは、これまでの長いあなた方の歴史の中で悪とみなされてきたさまざまな出来事、現象についてのことなのです。

例えば、長い歴史の中ではてしなく続けられています数知れない闘い、人と人、国と国同士の殺し合いについて。あるいは奪い合い、騙し合い、辱め合い、といったことをも認めなさい、というのですか？　の問いかけです。

しかしいま私達はこのノートの上で、そのことでさえもはっきりと、「はいそうなのです。その事さえもあなた方は認めていくしかないのです」、と申しましょう。

ああ、なんということか、といまこの言葉を聞いた人々は思うのかもしれません。

しかしいま私達はこのノートを通し、こんなにもしげしげとこの新しい時代に向かってての人の心の変化というものが何であるのか、を語ってまいりました。まるでかつての天動説、地動説の時の再来のように、この世的なすべての悪の概念こそは、今人々がはっきりと識るべきいまひとつの神の姿である、といった新たな情報でありましょう。

このことは、まるで精神的地軸をひっくり返してしまうことと同じ心の変革であり、いまの私達がなそうとしていますところの最も大きな目的そのものであります。

すべての悪なる姿そのものの中に、必ず大切な鍵が隠されているのです。

そして私達の周囲で巻き起こりますあらゆる状況、現象の中、その裏には必ずそういうことにならざるを得なかった裏付け、理由というものが在るのです。何もないところに、ただ状況だけが在る、などということは決してありません。

私達がこれまで、度々重ねて話してまいりましたことはいったい何でありましたでしょうか。つまりそれは、あなた方の魂が持っております普遍性と申しますか、輪廻転生の歴史によって裏付けられてまいりました不滅性といったことではないでしょうか。

そうなのです。あなた方の持つ魂は、なぜこれほどまでに度重なる人としての人生劇を、飽くことなく繰り返し続けているのでしょうか。

その事の中にすべての答えはありますから、例えばその残虐極まりない殺戮劇と思われます行為の中にもそれなりの理由、答えといいますものを見出していくことが出来ることと思います。

この先このノートを公にしてまいりますと、必ずあなたはこのような質問にさらされてまいりましょうが、決して恐れることはありません。

そうです、現実に目の前でそのようなことがありました時、その時人はどのような動きに出るでしょうか。例えどのようなことになりましても、その時そこには、その人にとっての確かな答え、というものがあるのです。そしてそのことから決して目をそらしてはなりません。

これまで人は、すべてそれらのことを忌み憎むあまりに、しっかりと目を向けては来なかったのです。いえ認めようとしなかった、といった方が良いのかもしれません。そのことによって何の解決が得られたのでしょうか。ほとんど何も解決されてはいないのです。こんなにも人々はそれらの行為を憎み、忌み、避けたいと思っていながら、それらの行為は人々の中で飽きもせず終わりなく繰り返され続けているのです。

しかしある時ふっと気付き、それらのことをすべて認めることにしましたならば、その時までしつこくまとわり続けましたものが、いっきにどこかに消え失せてしまいます。そのようなものは一体どこにあったのか、とても不思議な思いになってしまいましょう。

木立があり、光が当たり、そこに影が生まれ、そうです、その時その木立が忽然と消え失せたとします。その時あなたが見ていたその木影とは一体何だったのでしょうか。どこにあるのでしょうか。あなたは本来無いものの影を見ていたにすぎないのです。

そのあなたの中で創り出していました本体が消えてしまいますと、もともと何もないのですから影などどこにも無かったのでした。影は手でつかむことも出来ません、何の形もないものですのに、なんとしつこく人々の心の中に巨大な位置を占めていることでしょうか。

さあ今宵はもうおやすみなさい。これから先にも度々今夜のようなことはあるのです。拭っても拭っても形のないその影はなかなか消すことはできません。あなた方の心の中の影なのです。長い間の心の習性というものなのです。

すべてのものを認めていく、という難しさと易しさを、あなた方はこれから先もいやというほど味わっていくことになりましょう。いまはまだ序の口なのです。

あいしているのですよ　　まりあ

二月一日（木）

はいそうです。いまこの私達の存在は、このノートの初期の頃に使いました天の国の者、といった表現を変えなければなりません。

この私達の存在は決してあなた方の次元から離れたものではなく、この一点に全く同時に存在しています合一体であると言えるのです。

私達の所属致します世界は、ある意味他なる天体ではありますけれども、それは空間的に離れた天体ということではありません。その時間の捉え方の違いがそのまま次元の違いを表しているとも言えましょう。そのところを少しよく理解していただきたいと思います。

以前私達は、この私達の時間の捉え方であります一瞬の間に、あなた方の地球の歴史がすっぽり収まってしまいます、と話したことがありました。私達はこの星地球の、いわば保護者であり管理者であり、責任者でもあるということも話したことがありました。なぜならば、つまり私達はいまあなた方が所属しております天体といいますか、惑星群でありますとか、銀河系といわれます天体の創造活動に大きく関与した者であるからなのです。つまり創造者である、と言えるのです。もちろん他の天体はそうではない、ということではありません。

すべてのことは同時存在であり、また異なっているとも言えるのです。あなた方の目や感覚の中で非常にはるかな存在である、と思えますものも、私達の中では同じであると言えるのです。

さてここで、この地球といいます星の存在について少し考えてみなければいけませんね。この星地球はなんというさまざま異なった多くの魂の存在、宇宙の中の魂のるつぼと化していることでしょうか。

それは地球の中のニューヨーク、あるいは東京といった大都市、人口の密集地帯に例えることが出来るのではないでしょうか。

そこにはさまざまな人種ですとか、立場の異なった人々が混然と存在していますけれど、それと同じようにこの星地球には、実に多くの他次元の魂の存在が結集していると言えましょう。

もちろんこの地上に生活していますすべての人々は、この地球に所属する地球人、として存在してはいますけれど、その肉体の中に宿りますその魂といいますか霊魂の持つバイブレーションは実にさまざま異なっていると言えるのです。つまりその違いといいますものが次元の違いであり、出できたる宇宙、天体の違いを表しているのです。

そうです。この地上にそれら多くの人達、魂が降りたちましたのはずいぶん古い世界の話でありますが、その頃のことを私達は少し話してまいりたいと思います。

昔、この地上に生存可能となりました沢山の異次元の存在達に対しまして、ひとつの約束ごとがなされました時の話なのです。

それはあのムーですとかレムリアと言われました大陸であり、そこで栄えました非常に高度な文明社会の頃の話なのです。

当時の大陸には他の天体から沢山の霊魂が飛来いたしましたが、それ以前に、この地球上での進化の過程で人の肉体は派生してまいりました。その肉体に宿りました霊魂といいますものは、いわばこの地球独自の固有人種であったと言うことが出来ます。

ですから、他の多種多様なる天体から飛来しました霊魂たちは、この地球独自の人々と共に生活し生きることになりました。

このようにある意味、種々雑多とも言えます魂のるつぼの人々を、統制といいますか、まとめていきます為に使われましたツール、道具といいますものが、先日も話しましたムーの大地と共に没しましたかの巨大な水晶であり、その働きでありました。

そうです。この巨大な水晶の働きを最大限宇宙的レベルまで引き上げ、その力を効果的に使いながら多くの異種なる魂の統制といいますか、統合をはかってまいりました。

もちろんこの力は、多くの科学的分野にも使われましたが、主なる働きは多種多様な魂の持つ精神的な集約であったと言えましょう。

この水晶体の力を借りる、といいますか使うことでいかなる人たちの心にも、ある種の影響を及ぼすことが出来ました。しかし何もかもすべて一様に、ということではなく、非常に特異な魂に対しましてはそれに応じた働きをしていたことは言うまでもありません。

いずれにしましても、この水晶体には実に多種多様な力が集約されていますと共に、その集められました力を外に向けて発散、放出することも出来たのです。

よいでしょうか。その力はあの四角錐のピラミッドの中にも同じように備わっているのです。それは水晶と言われますものの、その原石の先端と同じ姿であることをあなた方はよく考えてみると良いのです。

そうです。ムーからはその元なる原石は運び出されてはいませんが、その力の源となります石の力はそっくりそのまま移しとられていきました。その力はその姿を真似ることにより、同じ力を持ち、同じ働きが可能となりました。そしてその基盤と申しましょうか、その中心となる位置には元なるムーのものと同じ姿の小さな水晶が置かれましたので、その同じ姿をとりましたピラミッドそのものはより強力、強大な力を集約し、また放出することが可能となったのです。

その力は前にも申しましたように、宇宙の根源意識体によるエネルギーの集約でありました。その形は宇宙エネルギーをそのまま吸集することが出来るのです。この大蒼、天空に遍在する力と、この大地の持っております力、もちろんこれも宇宙の力そのものと言えるのですが、その大地に凝縮された力のふたつの交錯によって、人なる魂に与えます影響は大きなものとなってまいります。なにしろこのふたつの力のバランスによりこの宇宙は存在し、あらゆるものの誕生があったからなのです。

さて話はだいぶ横道にそれてしまいました。

そうです。あなた方はその初めなる大地、ムーの世界の時にひとつの約束を致しました。このようにして集いきたりました沢山の魂の辿ってまいります歴史の果てに、現在といいます時代がある、ということなのです。そこに至りますまでには、そのムーの崩壊と共にせっかく集まってまいりました他天体、他次元の魂達の離散をみたのでした。その集いきたりました魂の群は、あまりに異なったバイブレーションの持ち主たちでもありました。

しかし、一旦はその異なったすべての魂の合一、統合というものは、先の水晶体の持つ力を使い可能となりました。そのことの操作は、機械的な操作ではなく、高度な精神的バイブレーションによるものでありました。そのことの出来ましたものは、つまり宇宙の根源意識に近い力を持つ者でありました。

そしてその時、そのエネルギー的操作を致しました人物は、人々の前にひとつの約束を致しました。

このようにして集いました魂の群は一旦ちりぢりになり、他なる地域のさまざまなる人種となり、長い歴史の中で数限りのない輪廻を繰り返しながら、そうです、人はそれぞれに生きながらそれぞれに成長するには違いないけれど、いずれの日にかこの大地、地球の上にとてつもなく大きな変化の時が来ることをよく知ってほしい。その時、それまであった人としての肉体的機能は大いに損なわれるに違いない。それ以前にこの地上的自然環境は大いに変化、変容してしまい、それまでの肉体では生存不能となってしまう時が来る。

しかしその時、人なる者は必ずや、この地上的学びを終わりとし、この地上から去っていく時となっている。

しかし、それ以前にひとたび大いなる結びの儀式が行われるであろう。

ということが人々に約束されたのでありました。そして別れに別れた個々なる魂は、またひとつのものになってまいります。

しかしそれは、決して前と同じものではありません。トータルされたひとつのもの「結び」になりますけれど、集まったひとつひとつはすべて個である、ということであります。

そしてその結ばれましたひとつひとつのものは、その個に応じて、その姿に促した世界に同化、戻ってまいります。そのひとつひとつの魂の故郷に向けて、ということでありましょうか。

それぞれに戻った魂はその世界に同化し、その世界はトータルされた形で変化してまいります。それをただの変化と捉えますか、あるいは進化といったものに置き換えるかは自由でありましょう。

人々は今、少しずつ自分の出《い》できたる世界に気付き始めているのです。そしてお互いの魂の確認といいますものが行われてまいります。そしてすべては同じ力のもとにここまで生きてきたことを知るのです。

その同じ力とは、この地球の持っております力のことを指しています。

地球の持っています力の範囲の中から、あなた方はその肉体のままでは一歩も外に出ることは出来なかったのです。

その地球の力とは、これまで幾度となく話してまいりました地球特有の引力、あるいは重力であり、またこの大地を創り上げました私達の力であり、るしえるの力であると言えましょう。

さあ今夜は遅くなりました。よいのです。

おやすみなさい。

あいしているのです　　まりあ

二月十一日（日）

＊昨日から私は小さな旅に出ています。そして今日私は、吉野の山奥にあります天河神社という処に案内されました。
ここに来たのは初めてですが、この社には沢山のアーティストやスピリチュアル系の人々が

好んで参詣するとのことでした。もちろんそれはそれでいいのですが、その社で私はまたまたおかしな出来事に出会ったというか、この私自身が仕出かしてしまいました。

ほんとうに思いもよらない出来事、としか言いようがありませんが、やはりそれにはそれなりの意味があったのだろうと思います。


はいもちろんそうです。いまあなたが行いますひとつひとつの行いに全く何の意味もない、などということはありません。でもあなた自身はいつものように、全く何の自覚もないままに行ってしまいますので、このようにおかしな会話となってしまいます。

まずあの社に祀られていますご神体は、誰でありましたか?


そうです、それは私です。私は人々の中では弁財天と呼ばれている者であり、その担います大きな役割は、音楽を代表といたします諸々の芸事、所作ごとでありましょう。そしていまひとつの巨大な役割こそは、あなた方人々を生かし、この大地そのものを絶えず潤してやまぬ生命の源であります水そのものを司る者でございます。

この水といいますものは、あなた方の住い致しますこの地球といいます星の約七割を占めていますことは、いまさら申すまでも無いことでありましょう。それ故にこの星地球は、他の星々からも「水の惑星」の別称でよく知られているものでございます。

まことに今日あなた方は、その名のようにしとどよく降る雨の中を、この宮社《みやしろ》においでくださいました。

この雨なくば、なぜ水の惑星と言えましょうか。この雨、といいます現象の生まれますメカニズムについてを、いまここで話題には致しませんが、いずれこの星地球は、この雨、という大いなる恵みそのものを失う日が訪れてまいりましょう。

しかしいま私達は、あなた方人々の時の計りかただけで話をしているわけではございません。この星地球の誕生から、その終焉の日までの長いスパンの中で何が起き、どのように変化していきますかについて語ってまいります。そのことは今日、あの若い神官どのによる質問に、私はあなたの口を通し、つまり私はあなたとなって語りました通りのことでございます。

そうです、今回もまたあなた方はかつての暑い夏の日の夜、かの地エジプトのピラミッドの前で行いました時と同じように、今日この新しき木の香かぐわしき社にありまして、ひとつのセレモニーを行っていただきました。そのことが一体何の為でありましたかは、いずれあなたの前にさらなる形となり示されてまいります。

そうです、その時私はこの弁財天の名ではなく、別なる名称の神となり、そしてあなた自身となって顕在いたしますことをお約束致します。

そうです、いまのあなたにとりましては、日本の神々の中のひとりとしての弁財天の名は、ほとんど馴染みのないものでありましたでしょう。この名を持つ神、といいます存在がどのような力を持つ存在でありますかなど、これまでのあなたの意識の中、思考の中には全く入ってはこなかったのでした。

しかしこのところのあなた方の会話の中に、度々この私の名が出てまいりました。そのことはやはり単なる偶然などではなく、今回このような事が行われますことの予兆であったと申せましょう。

今日は朝からこのように静かに豊かに、煙るような雨が降り続いておりますが、いずれあなた方人々は、このような雨、いえ水によります洗礼と決別し、新しき大いなる気による洗礼の時へと移行してまいります。

まことにそうです。今日行われましたあのセレモニーといいますものは、その決別、区切りの儀式でありましたことを自覚して下さいますように、と申し上げることに致します。

しかし先ほども話しましたように、いますぐこの地上から雨が失われるわけではございません。それどころか、この先この地上にありましては、どれほど多くの、そして巨大な水によります被害災害に見舞われてまいりますことか。まことにその数も規模もあなた方の予想をはるかに凌ぐものとなってまいります。それは決して避けることの出来ない、まさに過ぎ越しのための大いなる出来事であると言えましょう。

そしてそれこそが、この地上の水そのものを司るこの私の成さねばなりませぬ大いなる仕事であると申せます。

よいでしょうか。水といいますものは、この世に生きるありとあらゆる生命体にとりましてなくてはならない必須のものではありますが、ありとあらゆるものの生命を奪い、破壊し尽くす大いなる力でもありますことを、あなた方はよくよく知る必要がございます。

水といいますものは、大いなる破壊と変化とをもたらしてまいります。そしてまた、新たなる生命を育んでまいります大いなる愛の力、愛のエネルギーであることもお伝えしておきたいと思います。

雨よ降れ　雨よ降れ　心ゆくまで降り続き給え
愛ある生命の源　それがこの私のまことの姿でございます
いまはこの名でまいりましょう　　私の名は弁財天

解説　吉野の山　天河神社でのおかしな出来ごと

（『吹く風も　また私である』より）

私はその年の二月十一日、大変思いがけなく、急に奈良県吉野山の奥にありますあるお宮に行く機会がありました。二月の吉野山と言いますのにとても暖かく、雪ではなく雨が降っていました。くつ下のはき替えのなかった私は、ぬれるのがいやで素足で歩いていたのを覚えています。

その日は建国記念日とかで、宮司さんは他用でお留守でした。小野田さんとおっしゃるとても若い神主さんがひとりでお留守番とのことでした。でもそれはずっとあとになってわかったことで、その時はその辺りの事情は一切何も知りませんでした。私を突然そこに連れていってくれましたのは、今回の長野への旅でも一緒の楽しい関西のお友達でした。でもその頃はまだ出逢ったばかりで、どんな人か、あまりよく知りませんでした。

その彼女はこのお宮へはよく来るらしくて、社務所に寄って何やら用をすませたあと、私達一行五人は社殿の方に向いました。このお宮はその前の年に新しく建て替えたとかで、桧の香も生々しく、清々しい趣がありました。

私達の前には一組の先客があり、板敷の社殿に上り、その若いおひげの神主さんに何やらお祓いをしてもらっていました。私の田舎の宮崎にはお宮だけはずいぶん沢山ありますけれど、私はそのようなお祓いなど一度もしてもらったことはありませんでしたので、そのあたりの作法は何も知らない不躾ものでした。

先客が終りさあ今度は私達、という時、「ちょっと待って下さい」とその神主さんが待った、をかけました。「ちょっと待って下さい。いまこの神殿の飾りを変えますから……」というわけです。〝そうか、お宮というところは一客ごとに飾りつけを変えるものなのか〟と私は単純に考えていましたが、ほんとうはどうもそうではなかったらしいのです。でもその時はそう思いながら、何やら神主さんが上の方にのぼったりおりたり、板の間横に据えてあった大きな大きな太鼓の向きを表と裏に置きかえたりするのを一緒に行った一人が手伝わされたりしました。そんなこんなで、ややしばらく待たされた後、「さあ支度が出来ましたのでおあがり下さい……」と声をかけていただいたのでした。

そのあとのことは、いまはここに詳しく書くことは出来ません。自分でも大変思いがけない出来ごとが次々と始ってしまったからなのです。

さて、いま私がちゃんと書くことの出来ない（書いているとまたまたとんでもなく長くなってしまうからなのです）話をなぜひっぱり出したかと言いますと、その時、一連の出来ごとがすべて終ったあと、今度は例の白衣の神主さんとの禅問答ならぬ一問一答があったからなのです。

「改めてお尋ねしたいことがございます」、とすっかり居ずまいを正した若い神主さんの小野田さんが、私の前に幣を奉げて正座致しました。私の方もついピンとして、居ずまいを正しました。

「なんでしょう。何なりとおたずねなさい」

いつのまにか私はチェンジ、つまり、私ではない私へと変っていました。それにしても変なこと質問してこなければいいけど……、と当の私自身は考えているのです。

「それでは、まず初めにおたずね致します」、と彼は例のおヘラのおばけのようなご幣をうやうやしく両の手で奉げ、顔面から頭上へすべらすように、つまり深々と頭《こうべ》をたれたのでした。

「おたずね致します。まず、地球の色は……」、と彼です。

〝え？　地球の色？　だって地球の色は青かったってアメリカの宇宙飛行士は言ったじゃない……〟、と私は心の中で思いました。ところが口の方は、「緑です」、なんてすまして答えているのです。

「ハハァーッ。それでは再びおたずね致します」

まだ続けるつもりらしいのです。

「どうぞ」

「あたらしき緑とは……」

〝え、あたらしい緑？　なんだろう……〟、と私。「わかりました。それではあなたの見解を先に述べなさい」。〝やったあ!!　よし、これで私が答えなくてもすんだぞ……〟、内心ほっとしました。だってこんな神さまの前で変なことしゃべったら大変です。

「はい、私は、〝あたらしき緑〟とは、〝あたらしき生命《いのち》〟と存じます」

〝なるほど、あたらしき緑とはあたらしき生命か……〟、と思う間もなく、「そうです、新しき緑とは、新しき生命のことなのです。そうです、あなた方の住むこの地球と言います小さな緑の星は、そのような新しき緑の生命に満ち溢れたとても美しい星であると言えるのです。そのような生命とは何に由来するものでありましょうか。この宇宙、この大蒼の中のひとつの星地球は、水の惑星としての位置づけがありましょう。この大蒼にこの小さな星が生れました時には、まだその〝水〟と言いますものはありませんでした。まだ赤々と燃えさかる火の玉のような星そのものでありました。その火の玉のような星が水と言いますものを抱えますまでには、もちろんあなた方のその時間と言います概念の中ではなかなかうまく捉えることの出来ないほどの、長い〝時〟を要しましたことは言うまでもないことです。長い長い時の流れ、経過の中で、新しき生命の芽生えはありました。そうです、新しき生命の芽生えとは何でありましょうか……。そうです、いずれの日にかあなた方は、今日この日のように、このようにしとど降る雨の日のことをとても懐しく思い出す日があるはずなのです……」

もちろん話はこんなものではありませんでした。もっともっといろいろなこと、そうなのです、この地球がこの大蒼の中でも特に水の惑星と呼ばれる星であることの由来ですとか、これから先の宇宙全体、いえとりあえずは地球の上に起きてまいりますさまざまな気象的な変化、それに伴いまして必然的に変らざるを得ないさまざまな出来ごと、地球環境のことなど、延々約三十分ほどを語りきかせる、といった出来ごとがありました。

この時たまたま、いえ小野田さんの話ですと、ほんとうはその日他に行く所用があったそうですけれど、何か気になり、他の人に代ってお宮に残ることにしたそうでした。「今日は何か、とても長い間待ってたことが起きるような気がしていたのです」、と彼はすべてが終ったあとに言いました。彼はこの日、このような出来ごとの為にお宮に残っていて下さった、いわば証人《あかしびと》のようなものであったと私は思っているのです。

三月二十八日（水）

＊久しぶりにお店で書いています。それにしてもこのかかってくる力はとても書きづらいのです。なんとかなりませんか。もう少しなめらかに書けるようにお願いします。

わかりました。これでどうでしょうか。

さて今回のあなたのペルー行きを援けてくださる方々は沢山いらっしゃいます。そしていまこのようにして私達との交流も、なんの差しさわりもなくすすめられております。少し書きづらくても我慢してください。

そうです、いまこの変化の時に向けて実に多くの方々がその想いを傾けていますことは、あなたもよく解っていることと思います。

人々はいま大きく変わりつつあります。個々なる変化であり、総体的な大変化の時でもあると言えましょう。

人々の歴史といいますものは、まことに長いものでありました。まことにどれほど長い時間を費やしてまいりましたことか。あなた方はこの地球といいますひとつの星の上で人としての歴史を刻んでまいりましたけれど、いまはすでに次なるステップの為の用意と申しますか、飛翔のための準備期間に入っていますことをよく知る必要があります。いつまでもこの地球の中、地球の上だけに留まっているわけにはまいりません。そのことはこれまでこのノートの上で度々言葉を変え、視点を変えて伝えてまいりました。

さあ良いでしょうか。今回あなた方が旅立ってまいりますペルーの地に於いて行われますひとつのセレモニーについて、その内容と目的とをお知らせしてまいりたいと思います。

それはあなた方の予想外の内容のものであるのかもしれませんが、この計画そのものは、いまこの時突然なされたものではありません。この地上での人としての歴史と言いますか、学びの果てに当然迎えることになっていました大いなる出来事、言葉を変えて申しますならば天に向けての一大イベントであると申せましょう。

地球といいます小さな殻を破り、他の天体との仲間入りをする。いま私達は確かにその時に至りました、とあなたは天に合図を送ることになっているのです。

＊ちょっとすみません。私はあまりそんな話にはのりたくないのですが、どうしてそんな話になってしまうのでしょうか。

そうです。もちろんあなたはそのように抵抗することを私達はよく見越したうえで、あえてこの話を持ち出しているのです。まあみててごらんなさい。ことはそのようになってまいりますでしょう。その為に必要な人はすでに動き始めていますことをあなたはよく知ることになってまいりましょう。

＊ほんとに何のことやら私にはさっぱりよく解りませんが、いまさら止めるわけにもまいりません。次なる週の初めには、私達はそろって旅立ってまいります。

いろいろ政情も不安定な国のようですが、私にとりましては長い間の憧れの地でありますから、いまの話とは別にして、行けることそのものがとても嬉しいのです。とにかく私は出かけてまいります。

そうです。とにかくあなたは私達のもとにやってまいりましょう。

そのようにしてあなたは、私達、いいえあなた自身で立てた計画の完了をみることになりましょう。

私達はとても楽しみにしていますことをいまここに改めて伝えておくことにいたします。

あいしているのです　　私達

四月一日（日）

＊今日から四月です。また新しい月に変わりました。
そして明日はいよいよ出発です。本当に何が待っているのかいないのか……。

今回もまたこのようにしてあなた方の誘いにのって動いていきます。待っていてください。


ああなんと長い時の流れでありましたでしょうか。

いま私達はその時がやってきた、ということを知っています。あなたにとりましても、この私達にとりましても、いまというこの時が必ずやってくるということはよく知られていたことではありましたけれど、しかしやはり、この地上的な時間の捉え方でこの時を待つ、といいますことはまことに果てしないほどの時間の流れでありました。

しかしごらんなさい。いまはもう待つほどのことではなく、すぐ目の前にその時はやってきているのです。

あなた方はやはり、その肉体というものをはるばる運んでこなければなりませんので、それはあのエジプトでの儀式のときと全く同じであると言えましょう。

この大地の上には実に沢山の磁場といいますか、聖地というものがあります。そのひとつひとつにはとても細やかな配慮がなされています。

それはあなた方人々がこの大地、地球といいます星の上で生きていくのに必要な精神的何かであると言えましょう。

そしてその聖地、磁場ごとに受け持っている役割というものがあります。それはごく日常的な小さなものであったり、ひとつの民族、ひとつの国家ともいえるものの存続をもかけたとても大きなものもあります。いえありました、という過去形の場所がいまはとても多くなってしまいました。

しかしごらんなさい。いまこのようにしてはるばるあなた方が訪ねてこようとしていますアンデスの山々、そのひだひだの中に、いまはとても静かに眠っているかにみえていますまことに偉大なる聖地のことを。

ここにはまことに多くの歴史の片鱗、その名残といいますものがいまもしっかりと息づいてあなた方の訪れを待っているのです。

そうです、その時その時そこで生き、暮らしました人々の想いですとか生活観、宗教観などもあますことなく染め上げられ残されています。いまは全く人影などありは致しませんが、かつてはいまあるその時の為に、人々は営々と心の準備といいますものを伝え伝えてまいりました。もちろんその時々に生きた日々すべてが、ということではありません。ほとんど多くの人々にはあまり知られることのない伝承、というものであったとも言えましょう。

多くの人々にとってはそれが何であるのか、その意味は知られることはありませんでした。そのことはこのようにして今、という時になって初めて現実的な意味を持つものでありましたから。

そうです、いまあなたの思考の中にひらめきましたあのナスカの巨大地上絵図、そしていまひとつの中空に浮かんでいるかのような、あのマチュピチュの古代都市などはまさしくそうであると申せましょう。

なぜあの時、いえなぜあの時代に、人としてはまことに住みにくいとも言えますあのような場所を選び、ひとつの都市、ひとつの文明といったものが築かれ花開いていったのかと言いますことを、あなた方はよく考えてみるとよいのです。今日の話はこのくらいといたしましょう。

まことに良い旅となりますことを心より願ってまいります。

あいしているのです　　あなたの魂の仲間たち

四月三日（火）

＊おはようございます。私達はいまこのペルーという国、そしてリマの街までやってきました。やはりとてもとても遠い国でした。

はい、おはようございます。ようこそはるばるやってきてくださいました。空の旅はまことに長く、さぞお疲れのことと思います。しかしこのようにしてはるばる長い時間をかけてこそ、旅の実感というものが大きく湧き上がってくるのではないでしょうか。

それ以上に、この時を待っていましたこの地上的な時の流れといいますものは、まことに果てしもなく長いものでありました。幾世代も幾世代も超えた、それはそれは長い長い時の流れでありました。しかしごらんなさい。その時はいまこのようにしてとうとうやってまいりました。

しかしあなたの中には、この私達ほどの実感はないのかもしれません。

いまこのようにして直接私達と話していますあなたの中にさえないのですから、他の皆さまはなおさらのことと思います。

しかしいまあなた方の中にその自覚があるかどうかは、この私達からみてはあまり問題ではありません。

本当に必要で大切なことは、いまこのようにしてあなた方がこの大地の上に存在していることでありましょう。その確かな事実さえここにあれば、後のことはすべてうまく運ばれてまいりましょう。そのことの為に、いま私達はこのようにしてあなた方と共にいるのです。

もちろん旅の間には細かいトラブルなどいろいろあることと思いますが、全体としてはうまく事は運ばれてまいりましょう。もちろんあなた方は人としての肉体を持っての動きでありますから、これから交わります多くの方々とのさまざまな関わりは避けることはできません。しかしごらんなさい。あなた方の前には、こんなにも長く待たれていましたリマでの第一日が始まりましたよ。さあ、今日という日がより良いものとなりますことを、そしてあなた方のその魂の故郷《ふるさと》といいますものをよく見てくださいますように、と申しましょう。

あいしているのです　　まりあ

四月四日（水）

＊今日ナスカの地上絵を見ました。前からぜひ一度見たいと思っていたものですが、いまはまだどのように表現して良いか解りません。つまり感想についてですが……。

はい、よろしいでしょうか。今度の旅の目的はいくつかありますが、この地上絵を上空から見るというそのこともその中の一つでありましょう。

あの小さく可愛いセスナ機の乗り心地はいかがでしたか。この長い人々の歴史の中にありまして、このまるで幼子のいたずら描きのように見えます砂絵の存在は、ごく最近まで知られることはありませんでした。

なぜなら、あなた方人々の生活の中にはまだ飛行機などというものが無かったことによります。しかし人々の文明は近年急速に発展し、まるで鳥のようにこの大空を飛ぶことの出来る物体を造りあげてまいりました。そのことにより、これまでその存在が知られることのなかったあの地上絵やマチュピチュの遺跡などが発見され、多くの人々に知られることになりました。

いま人々は、この絵の謎といいますか、作られた目的をなんとかしてさぐろうと多くの時間と労力、そして精力を費やしているのですが、その答えはまことに簡単であると申せましょう。

この謎に満ちた数々の地上絵は、その当時生活し生きていました人々にとってはとてもスケールの大きな楽しみ、リクリエーションでありました。

昔々この大地にはあまり人の数はありませんでした。いまでこそ緑の草陰ひとつない不毛の土地に見えているのですが、実際はそうではありませんでした。

緑の木陰豊かなと申しましょうか、いえいえこの大地こそは、この緑の地球そのものをよく表現し得ることの出来る緑の大地そのものでありました。

そうです、今日あなたはあの上空から眺めた地上に幾筋もの川の流れ、水の流れの痕跡を見たのではなかったでしょうか。川がある、水がある、といいますことは、また豊かな緑があったことの証ともなりましょう。

さあよいでしょうか。今日私達はあなた方にかつての日々、私達自身がとても楽しく描きあげてまいりましたあの地上絵、といいますものを見ていただきました。

私達はかつての栄光の日々、今のあなた方と同じようにこの地上だけではなく、この大空を自由に往来、飛び回ることの出来た文明というものを持っていました。

しかしその頃、私達が乗り回す、といいますか使用していました乗り物は、いまのあなた方のそれとは大きく異なっていたと言わなければなりません。いまのあなた方の乗り物は、特に飛行物体は非常に直線的な動きに制約されているものが多いのですが、もちろんあの非常に低空飛行の出来ますヘリコプター等は当時の私達の乗り物に近い動きが出来ている、と言えなくはありませんが、それでも実際私達が発案、発明し使用していましたものとはいまだにその格差を縮めることの出来ないほど、あらゆる面で異なっていたと申せましょう。

まず私達の場合は、石油などと言います地下資源など全く必要のないものでありました。私達がいつも操っていましたのは、私達自身で生み出すことの出来ますエネルギー、気というものでありました。その気の持っています振幅度、つまり幅のことでありますが、まことに精緻であり軽やかなものでありましたから、どのような物でも私達自身の意のままに誘導し動かすことの出来るものでありました。

私達は気の操作、気の変換装置といいますものをまことによく使いこなしていたことを、あなた方にはよく知っていただきたく思います。従いまして、私達の使っておりました乗り物には、あなた方の飛行機のようなプロペラなどはありませんでした。またその飛行物体の素材といいますものも、いまあなた方が使っていますような重たいものではありません。しかしいまこれ以上の細かい説明は、いまこのようにして筆記しております彼女の思考の範囲を超えてしまいますので止めておくことに致します。

話をもとに戻してまいりますと、当時の私達は、いま現在空中を自由自在に飛び交わしております鳥や昆虫たちと全く同じような感覚で動いていた、とも言えましょう。そのことにより、いまあなた方の使っておりますす滑走路などは不要、要りませんでした。

そうです、今日あなた方が上空から見ましたさまざまな絵の中には、まるで滑走路そのもののようなものがありましたけれど、その当時の私達は、いずれ未来におけるあなた方は、私達とはまったく異なった原理による非常に不便な乗り物を発明し利用していくことを予見しておりました。その不便な乗り物にとっては、まさにあのような幅広く長さのある滑走路がいるであろうことを私達は知っていたのです。ですからいまのあなた方の飛行物体はすぐにでも、あの帯状の設備を使用することが可能であります。

何も見世物にしたり研究対象にしたりせず、実際に使ってみてはいかがなものか、とこの私達は考えずにはいられません。しかしそのようなことになりますと、いまのあなた方の文明社会では、必ず他のものまでが破壊の道連れとなってしまいかねません。いまはやはり、あれはあれで秘めたる謎の遺跡としておくのが良いのかもしれません。

いまを生きるあなた方の倫理観といいますものは、私達のように素直に育ってはいないとも言えましょう。

しかしごらんなさい。いまあなた方は当時私達が楽しみましたと同じように、上空を飛び回りながら数々の地上絵を楽しみ、謎解きの夢を大いに膨らませているとは思わないでしょうか。

そうです、これらのものは大空に星座と言いますす巨大な絵がありますように、この地上にも大きな絵を描き楽しみました名残と言えましょう。もちろんあるものは、重要な方角を指し示すものではありますが、すべてがそうであるとは言えません。私達にとりまして、この大地での方向と言いますものは、いまのあなた方ほど不明ではありませんでした。私達のそれは、動物的、あるいは鳥、あるいは昆虫的本能のようにどの方向も察知することが出来ました。

ですからこれらの絵は、当時の人々が空から見て楽しむこと、あるいは描くこと自体を楽しんだと言えましょう。

深い森から出て大空に舞い上がり、子供達に絵探しをさせて楽しんでいましたよ、などと言いましたら、あなた方はどのような反応を示しますことか。

私達のことをあまり難しく考えないでください。私達は沢山の遊び心を持った者でした。そしてこの絵は、空から見て楽しむ、というその役割はいまも全く変わってはいないのです。

いかがでしたか？　ご感想は……。

この絵と共なる私達より

四月九日（月）

＊おはようございます。いま私は、ウルバンバの谷のホテルにいます。クスコでは苦しみました。空気が薄かったからです。あまりいい印象がありません。いまははるばるここまで来てしまいました。

いま窓から見えるこのアンデスの山脈が、とてもやさしく目に映ります。

昨日はペルーの大統領選挙があったのです。日系の藤森という人が当選しました。私達はこの国に来て、ずっと人々の乾いた心の気配を感じています。でも所詮私達は旅人です。私達、いえ私は単に表面に見えているところだけで判断して行動しているにすぎません。

この土地に古くから生きてきた、いわゆるインディオといわれるその人々の心の底までをうかがい知ることはとても出来ません。きっと人それぞれに、その心の奥底、魂の深みには、みんな光るものを持って生きているのだと思います。それですのに私は、やっぱり表面的なことだけを見ています。ごめんなさい。

今日は九日。いよいよマチュピチュに行きます。

はい、私達は昨夜も話しましたように、今日この日の至りますことを心から待ち望んでまい

りました。

あなた方のその目にも心にも強く、そして印象深く映りますように、このペルーの大地に生きる人々の姿形、そしてその心もこの乾いた大地のように荒みきっているかに見えるでしょうけれど、やはりみな私達の魂の兄弟、仲間達であり、本来ただひとつのものから分かれ出でたものでありましょう。

みなそれぞれの魂の持つ役割、個性とも申しましょうか、その持てる傾向に従っていまある生活をしてはいますけれど、その事だけがすべてではない、と言いますことをあなた方はよく知っていることと思います。

あなた方一人一人の持つ魂の遍歴の中では、この地のインディオとして生きたこともあると言えましょう。そのような目と思いで、かつては自分達の姿であったかもしれない彼等の姿を見ますならば、そこから受けます印象はとても大きく違ってくることと思います。もちろん他なるペルーの人々に対しましても同じように言えるのではないでしょうか。いまなぜ私達がこのような、あまりにも初歩的とも思えることを言いますことの意味を、あなた方は少し考えてみてくださると良いのです。

この国のこんなにも凄まじい貧しさと治安の悪さ、その原因、あるいは遠因と言いますものは、この地球の裏側でまことに便利に明るく、豊かと言いますよりは何事にも贅沢に暮らしている人々のなかにもある、とは言えないでしょうか。そのように考えてみてくださると、さまざまな因果関係が見えてまいりましょう。いま人と人、国と国の関係は地球丸ごとの関係で見る必要がありましょう。

昨日の大統領選挙を機に、この国の世情はますます不安定化していくことと思いますので、今朝はあえてこの話を致しました。

さて、それでは今日のことにふれてまいります。

これまでの私達は、あなた方の旅の目的を前もってはっきり伝えることはしてまいりませんでした。しかし今回はそのことを前もってお伝えしましたので、あなたのその心の中には、期待感というよりは不安感と不信感、といったものの比重がとても大きくなってしまっていることを私達は知っています。そうです。いつまで経ってもあなたの心にはそのことがつきまとっているのです。そしてあなたは、この私達に裏切られたりしても決して動揺しないですむような心の準備と言い訳を考えようとしています。

まことにすべての未知なる出来事、予告されました出来事といいますものは、本当にそのようになるのかならないのか、といった双つの心に揺り動かされてまいります。

しかし事は成るようになってまいります。あまり心を揺らすことなく今日、という日を過ごされますように、と私達は強く申しておきたいと思います。いまはもう、このようなことをもた言っている時ではありません。何があろうとなかろうと立てられた日程に合わせて、あなた方は行動してまいります。そして私達はあのマチュピチュという場所でお待ちしております。

良いでしょうか。すべての行動はすべて私達と共にあります。

しかし、そのようなあなたの体や心の苦しみ、葛藤までには介入致しません。それは人として生きていますあなた方自身で乗り越えていくべきことでありますから、そのようになってまいりましょう。

それではこの日がまことに良い一日となりますことを、私達はここにお伝えしたいと思います。

あいしています　　いえす

四月十日（火）

＊おはようございます。
いま私はこのマチュピチュにいます。

はい、おはようございます。いまあなたはまだとても眠いのではありませんか。しかし落ち着いて寝てはいられない想いがあるのです。早くこの私達によるメッセージを受け取りたいと考えているのでしょう。

そうです、あなた方参加者の皆さまは、昨夜あなたがあの天空とつながりますあの場所で行いました儀式、セレモニーに対してそれぞれの想いの中で期待していたものがありましたでしょう。

例えば、あの時一気に曇ってしまった空が開き、天空に美しく輝きだす月と大パノラマなる星空が見えるであろう、とか。例えばあなたがあの高い石柱から中空へ飛んでみせるとか。例えばこの満天の大空に私達が話しましたような大群のUFOとその母船が現れ、空を埋め尽くしてみせる、とか。例えば例えば何でもいいからあっと人を驚かせ心を弾ませてくれるような何かの現象が起きてくれなければはるばるここまでやってきた価値がない、と思う心が無かったとは言えないのです。

しかしそのような出来事は何もなく、むしろ期待したものとは全く逆のことばかりであった、と思っているのではないでしょうか。

そうです、いまあなた方はこの私達との関わりをそのように目に見える形の、いわゆる超常現象の中で見ようとしているとは言えないでしょうか。

それはいわゆる視えないものを見る目を持ち、聴こえないものを聞く耳を持つ。また視えない私達を信ずる心、感じる心を持つ、と言いますこととはまるで反対の心の動きをしてしまっているとは思わないでしょうか。

私達が本当にあなた方をそのようなこと、そのようないわゆる他の多くの精神世界を求める人達が絶えず求めてやまない、目に見える形の現象を見せるためだけにこの地に来ていただいたと考えるとしたら、それはなんと哀しいことでしょうか。

あなた方は、そのようなことが無ければ満足せず充たされない心の持ち主であるとは、いま私達は考えたくないのです。

また他のことについても同じことが言えるのです。例えばこの私達により計画された旅路であるならば、病人など出るはずはない。あのクスコなどで高山病にかかる者など出るはずがない、と心のうちで思っていたのではありませんか?

それはよく、このような霊的なものを求める人々、精神世界を巡ろうとするグループにありがちな発想であると言えましょう。そのような方々は、なんであれすべてのことが自分たちに都合の良い形ですすめられますことを善しとし、他への自慢ともなしてまいります。それはとても淋しい心のありかたではないでしょうか。これまで私達があなた方に話してまいりましたことは、何でありましたでしょうか。

この世にありますすべて、この宇宙のすべてのすべて、そのすべてが神の存在そのものであり、神のさまざまな現れであり、それ以外の何ものでもないことを伝えてまいりました。

私達はあなた方を、そのような目に見える現象によって雀喜する人たちとは考えてはいないのです。もちろん今回の参加者すべてがそうである、とは申しません。

そうです、昨夜のあなたのあの場での姿を、ほとんどの方はとても素直に受け止めてくださいました。

あなたはその成すべき役割のままに、多くのハンディを乗り越えて私達の示しますままによく執り行ってくださったと思います。

いいえ、これは少しばかり表現が異なりました。いまこのような言い方をしますと、まるでこの私達だけの希《ねが》いと計画であるかに見えてしまいますが、それは違います。

これらのことはすべてあなたや、今回同行いたしましたすべての方々自身がはるけき過去において、私達とともに立てた計画である、と言いますことは、以前私達はあなたに伝えてあります。そしてすべてのことは成るようになった、ということでありましょう。

しかし良いでしょうか。あの光々と照り輝いていました月光の空が、またたくまにあの深い霧の向こうに閉ざされてしまったこと、そのことの意味をあなた方はよく考えてみると良いのです。

その霧の向こうにある私達の確かな姿と心を視ようとはせず、現実の眼に見えるものだけを見ようとするあなた方人々の心のあり様そのものである、とは思わないでしょうか。

どうぞもっと素直に、あるがままをよく受け止めてくださいますように、と私達は心から願わずにはいられません。

ほら、もうすでに陽が差し始めているのです。昨日のあのように美しい虹の姿をこれまでに見たことがあるでしょうか。あの時の驚きと、歓喜の心を思い出してみてくださると良いのです。

今日この山を下りる前に、あなた方のその心にも今朝のような明るい陽ざしが照り輝きますように……。

あいしているのですよ　私達は

心からあなた方を…

四月十日（火）　追記

さてここにいま私達は、あなたに心からのお礼を申し上げたいと思います。

本当にこんなに遠い処まではるばるよく来てくださいました。

今回の私達のやり方は、あなたにとりましては少しばかり酷なものであったのかもしれません。すべての状況、状態は決して良い条件であったとは言えません。またあなたを囲む共なる方々の想いもまことに各々異なったものでありました。

そして昨夜のあなたの心の状態で申しますならば、とても大切な儀式を執り行うといった高められたものにはならずに、むしろ何もしたくなかったことを私達はよく知っているのです。でもあなたは、やはり私達の言葉にそって約束を果たしてくださいました。本当に大変なことでありましたでしょう。その想いと心の負担のほどを、いま私達はよく解っているのです。

しかしこのことは必ず行われねばならないことでありました。

それは当のあなた自身が、その心の奥でよく知っていたことでありましょう。そして事は、そのように行われてまいりました。

私達にはいま、何も言うことはありません。必要なことはすべてとどこおりなく終わりました。あなた方のその人間的な目と心がどのように見ようと感じましょうとも、それはそれで良いのです。

今日この日、ここに至りますまでのあなたの心とその体に対して行ってまいりました私達による試み、といいますものは決して中断されることはありません。この地上においてあなたが成すべきことはまだまだ数多くあります。いまはただ、大きなひとつの区切りがついたにすぎません。今日のこの事が、後の世に残る話となるのかならないかは、時というものが決めてまいりましょう。

そうです、そのことがただ単に言葉や形だけではないまことに大きな意味を持っていた、ということも同じに言うことが出来ます。

ありがとうあなたよ。あなたのまわりにこのようにして沢山の天の仲間たちがいることをどうぞ忘れないでください。みんなとても喜んでいるのですよ。

いまこの時の天への合図を、みな待っていたのですから……。

あいしているのですよ　心から

解説　ペルーとマチュピチュの話

（『吹く風も　また私である』より）

一九九〇年四月、私は私を含めた七人の仲間で南米ペルーを訪れたことがあります。現在《いま》の政情不安定のペルーのことを思いますと、やはりあの時行ってきて良かったとつくづく思わざるを得ません。ですから、その時の模様をいまここに私は少しばかり書いておきたいと思っています。私のノート以外のところでペルーのことを書くのは初めてのことです。

私がその時ペルーに行ったには、やはりそれなりの理由《わけ》と言いますか、いきさつといったものがありました。とは言いましても、その〝行く〟という決心をすることになりました直接のキッカケは、ある人のみて下さった〝夢〟でした。いま思いますとそれは大変申し訳ないような話なのです。

そうですね、その年の二月終りか三月初めの頃、それまで個人的にはほとんど親しい関係ではなかったある人から突然、「私と一緒にペルーに行きませんか……」、といったお手紙をいただきました。その手紙によりますと、ある朝みた夢の中で、どうもペルーのインカの遺跡らしい石畳の道を、四本の足、つまり二人分の足が歩いていくのだそうです。足だけ見えて上半身は全然みえないのだけれど、どうもその二人分の足は自分と山田さんの足だと思ってしまった、のだそうです。ですから近々、そう四月下旬頃にある会社で企画しているペルー行きの旅行があるので一緒に行きませんか、というお誘いでした。

もちろんペルーは私にとっても何時か必ず一度は行ってみたい国でしたし、特にアンデスの山中にあると言われるマチュピチュの遺跡は、ぜひとも行ってみたい最大級のところでした。

いまマチュピチュは、あのシャーリー・マクレーンの『アウト・オン・ア・リム』で一躍有名になり、ペルーと言えば〝マチュピチュ〟と返ってくるほどのものになってしまっています。「だから私も行きたい」というのと、私の場合は少しばかり違っていました。

私が生れて初めてそのマチュピチュの遺跡の情景を視た、と言うか意識しましたのは、いまから十数年も前のことでした。それはこの眼で現実に見たのではなく、とてつもなく大きなビジョンによって視たのでした。

私はその時、ある大学の体育館だか講堂のような処である人の話を聴いていました。その時私は眠ったつもりなど全くないのですが、突然その会場の前面いっぱいに、ひとつのとても美しい山脈《やまなみ》の姿が映し出されました。険しく切りたち深い襞《ひだ》を持った深緑の山々です。そしてとても美しい青空、そこに浮かぶ白い雲、その雲はそそりたつ山肌にも掛かるようにして浮いていました。ふとみますと、左手下方にワラ葺きだか萱葺きだかの少し先のとがった屋根がみえます。初めは突然映画が始ったと私は思っていました。ですからその感覚のまま、私はその素晴しく巨大な動く画面を観ていたわけでした。そしてその萱葺き屋根をみるまでは、南米のどこかの山脈と感じていたのですが、なんだ日本のどこかの民家か作業小屋みたい、と思いなおしたのです。ところが、その画像はぐんぐん動いてその小屋は大きくせりあがってきました。そして次に見えたのは、とても美しく組みあげられた、少し苔むしたような石の壁でした。その石壁の上に萱葺き屋根はのっているのです。あれ？　これは何かな、やはり日本のものではないようだ、と再度考えを変えてみたところで、まるで幕をひくようにその画面、情景は消えてしまいました。そして先ほどと同じ人が、壇上で相変らず熱弁をふるっていたのです。まるでリアルな夢から覚めたような感覚でしたが、でもやはり決して眠ってはいなかったのでした。

それからずっと私は、その時視たその美しい空や雲、山脈、萱葺き屋根をのせた石壁の建物の姿が忘れられず、あれは何処の景色だろう？　あれはいったい何だったのか、きっといつか私はあの場所に行くに違いない、と思っていました。

それから十年余も経った時のことです。いまから四年近くも前の五月のこと。そう、一冊めの本の中で少し書いてあります九州・屋久島へ行った時のことでした。その時泊めていただいたある宿の大広間の棚の中に、一冊のグラビア雑誌をみつけました。少々退屈しながら他の人の話を聴いていたのですが、その雑誌（『太陽』という雑誌でした）をパラパラめくっていますとひょいと、「あ、これだ！」と思わず叫びたくなるような写真に出くわしたのです。青い空、白い雲、深い山ひだ。そして、そしてあったのです。あの時確かにみてしまった萱葺き屋根の小さな石壁の小屋が……。それをみていますと、ビジョンを視たあの時の自分が立ってた場所の位置までが手にとるようによくわかります。

そうなのです、その写真の場所は全くマチュピチュそのものでした。その前に私は、『アウト・オン・ア・リム』を読んだ時、私の視たビジョンはマチュピチュに違いないといった確信はありました。それ以前にも、ある方にいただいた写真によってそこはきっとマチュピチュだ、と思えたことはあったのですが、でもその写真には、あの特異な姿をしてそそりたつワイナピチュ（若い峰）の姿とマチュピチュ（古い峰）の遺跡のほぼ全景はあっても、私の視た小屋と、いわゆる段々畑の辺りは写っていなかったのです。もちろんシャーリーの本でも同じで、本の中に写真があるわけではありませんでした。でもいま、それまでの確信を裏づけする現場写真そのものが私の手のうちにありました。

「やっぱりそうだった……」、長い間知りたいと思い続けてきたことの答えを、私はその時手にしてほんとにほっとしました。いまはもうはっきりと、あのビジョンはマチュピチュであり、私はいつかそこに行く、あるいはかつてはそこに住んでいたに違いない、といった確証を得たわけでした。

　ですから「ペルーに行きませんか？」、との誘いを受けた時、ほんとはとても行きたかったのですが、それにしてもあまりに唐突すぎる話でした。だいたいそんなお金がありませんでしたし、それよりも私は、自分が行く時はそんな大勢のツアーで行くなどとは考えていませんでした。と言うわけで一度はお断りしたのですが、再度その方から便りが届きました。「もしもお金のことで済むのでしたら、なんとかなると思います」、と言うわけです。それで、とてもあつかましいとは思いましたが、ふと、「それならほんとに行こうかな？」と思ってしまいました。そしてさらにあつかましいことに、「でも私は別な日にしたいのですが……」、ということを申しでました。もちろんそれにはそれなりの理由《わけ》はありました。

　そして私は例のアッシジ・ツアーの千坂晴信さんにお願いして、ペルーに行く為の相談にのっていただくことにしました。そしてある日ある夜、千坂さんと私はある方の家で逢いました。

「すみません千坂さん。私、ペルーのマチュピチュに行きたいのですけれど……」

「はい、それで征さん、日にちは何時がいいんですか？」

「ええ、私は四月九日、十日にマチュピチュに居るんです」

「？　あ、そうですか。はいわかりました。それではそのように致しましょう」「よわったなー？　征さん、九日、十日、ほんとにマチュピチュですか？」

「はいそうです。そのようにして下さい」

それは私でない、誰か、の考えのようでした。

まあこんな具合に話はすすみ、結局私達は四月二日に日本を発ち、四月九日、十日にはペルーのアンデスの山中マチュピチュに〝居た〟、というわけでした。

それから、そんなまるで私の気まぐれにも似た日程の要望に応えるべく、千坂さんの悪戦苦闘が始りました。行くまでにはひとつきあるなしの状態だったからです。しかもペルーまでの直行便は週一便しかありませんでした。そしていちばんの難問は、四月九日、十日に〝マチュピチュに居る〟、といった事実を現実化するということでした。

いまはもっと大変ですが、その時はその時でペルーはとても大変な時期《とき》でした。丁度五年に一度の大統領選挙戦まっただ中だったからです。いろんな人に「こんな危い時によく来ましたね」、と言われました。日本の選挙戦と違っていつ戒厳令が出るやもしれない危険な日々でした。現にせっかく千坂さんが計画した、例のシャーリーの本の中にある彼女が入浴して瞑想してみせるあの鉱泉行きは中止となりました。その数日前、途中の街道にゲリラが出て人が襲われたとかで、やめざるを得なかったのです。

私達は出来るだけ動きが簡単なように、と機内に持ち込めるだけの小さな荷物で出掛けました。ペルーでは一切時計とかアクセサリーの類は身につけてはいけない、と言われました。何か盗まれたからと言ってお巡りさんに訴えても、「盗る方は命がけなんだから盗られた方が悪い」、と一切とりあってくれないどころか、むしろ警察もグルになっていて、いつポリス・カーがギャング・カーに変身するかわからない、といった話はいやというほどきかされました。ある時は子供の眼の角膜までが盗られ続けたと言うことです。とにかく、盗れるものはなんでもかんでも根こそぎというわけでした。

初日から何泊かしたリマの街、オールドタウンは大変でした。年間通してほとんど雨のないというこの国、いえこの平地の街は悪質のガソリンで走りまわる排気ガスで息も出来ないほどです。私は何かの為にと思って持っていたガーゼのマスクをはなすことが出来ませんでした。そして古い古い車がとにかくよく修理されて走っていました。まるでパッチワークのおばけのような五十年も前の車やフロントガラスの無い車、そして両方のサイドミラーのある車なんてめったにありません。たいがい運転席がわにひとつか、両方のミラーが無いものも沢山です。なにしろ車なんて買おうものなら、そのお値段の二百倍から三百倍もの税金をとられてしまうそうです。私達を初めからずっと案内してくれた日本人ガイドの相曽《あいそ》さん（とても若い青年ガイドさんでした）などは、腕にはめてた時計を盗られてしまったり、ふと何階か上の窓から地上を見おろしたら、自分の車のミラーがいままさに盗られているところだったり(もちろん追いかけてもまにあわなかったそうです)、何をどれほど盗られたかわからないとのことでした。そして驚いたことに、街中《まちなか》に盗品市場とか密輸品市場などが堂々と店開きしています。

でも私がいちばんスリリングに思えたのは、車で道を走ることなのです。もちろん青赤黄の信号はあります。でも到着した夜、空港まで迎えにきてくれていたバスの運転手のホセさんは、黄色だろうと赤だろうとなんだってかまわず走り抜けていきます。ガイドの相曽さんに聞いたら、「青はもちろん走れで黄もゆっくり走れ、赤は気をつけて走れ」なんだそうでした。それより大変なのは、信号のない交叉点です。縦横両方から突進してきた車がブーブーブーブーけたたましくクラクション鳴らしながら押しあいへし合いしているのです。とにかくひるんだ方が負けです。ちょっとでもひるんでスピードが落ちようものなら、さっと横から別な車が頭だか鼻だかを突っこんできます。するとその車にピタッと貼りついたようにしてあとからあとから後の車が続いてしまい、なかなか横断出来ません。最初のうちこそびっくりヒヤヒヤしてましたが、そんな光景に慣れてきますと思わず隣のホセさん(私はほとんどバスの助手席のようなところに座っていました)に、「がんばれ、ホセさん!!」、なんて応援したりしてしまいました。

ですから、デコボコ車なんて決して珍らしくないわけです。いま私の毎日乗ってる車は白いトヨタのワゴン車ですが、六年近く乗って十二万四千キロほどになりまだ快調に走っています。もちろんこれが本になるころにはもっと走っていると思います。でも、右も左も車体がデコボコ、まるで紙ふうせんを潰したようなありさまです。行きつけのスタンドの男の子に、私のよりボロッちいの来る？　とききましたら、ニヤッと笑い首を横に振りました。でもこのペルー旅行以来、そんなの何でもなくなってしまいました。車はいろいろ面倒みながら三十万キロ位乗ってみたいと思ってるわけです。

話は余談になってしまいました。ほんとは本題に早く入りたいと思っているのですが、なかなかそうはまいりません。こんな街の様子、ペルーの様子を知ったからには、やはり読んで下さる方々にも少しは知っていただきたいと思っています。

そうです、凄いのはオールドタウン（旧市街）の建物の様子です。どの家どの店、ほとんどすべてが頑丈な鉄格子を張りめぐらしているのでした。侵入者から家族の生命や家財を守る為に、自ら鉄格子の中に入ってしまったのです。

一緒に行った中の一人の知人が、私達の泊ったホテルから歩いてすぐ近く、四、五分位のところに貴金属や織物その他の高級品を扱っているお店を持っていました。もちろん日本人の方です。その方がお店で両替もして下さるということで、ホテルまで私達を迎えに来て下さいました。「危険ですから決して私から離れないで、声をかけられても振りむいたり相手にしてはいけません」と言うことでその方のお店まで行きました。その道中のなんと言う凄まじさだったことでしょうか。まるで都心の朝のラッシュのような人の波、そのひとりひとりが手に札束を持ち両替をせまってくるのでした。たとえそこを車で通り抜けようとしてもダメなのです。窓から手も頭も体も突っこんできて迫りますし、窓を閉めても車の前に立ちはだかり、決してどいたりしません。それどころか逆にボンネットを押してきます。少々のことでは驚かない私も、さすがに腰にまいたウエストポーチを上から赤いふろしきで包みこみ、さらに手で押えて歩いていきました。

お店に着いたのは十時ちょっと前でした。開店は十時からとのことで、丁度店員さんや関係者の皆さんが店を開けようとしていました。まず外の鉄格子の鍵を開けました。そして中の建物のドアの鍵です。もちろん私達はそれで店は開くとばかり思ったのですが、いえいえそうはまいりません。それから先、まるで運動会の玉入れの玉を数えるみたいに、「みっつ、よっつ、いつつ、あれまだ開かないよ、むっつ、ななつ、あ、ななつでおしまいだ!!」ということになったのです。そのことひとつからみても、その治安の悪さというか、もの凄さがわかろうというものです。

ある高級土産物屋さんに行った時などは、まず外からベルを押し、門の鍵と扉を開けてもらい、いえこんなの別に珍らしくないのですが、なんとその家には銃を持ったガードマンがずっと外の気配をうかがっているのです。そんな中で私達はお買物をしました。いまのペルーはもっともっと凄いというのですから、ほんとにどんなふうなのか想像もつかない気がします。

さて、そのペルーの旅で、私達は原田さんというとてもビッグな方との出逢いを致しました。この方は、日本を発つ前に私の本を読んで下さった中のおひとりが紹介して下さったのです。私のペルー行きの話を知って、「リマに叔父夫婦がいますのでぜひ逢って下さいませんか？　あちらで東洋医学の診療所を開いています」、と御連絡下さったのでした。私達は慣れない国への旅でしたから、そのようなお医者さまがいらっしゃればとても安心だし、土地のいろんな話をきかせていただけるかもしれないと思いました。

原田さん御夫妻は、私達が着いた日のお昼近くにホテルまで訪ねてきて下さいました。その後おにぎりや日本茶の差し入れをいただいたり、お家に招いていただき思いがけないペルーでの手巻きずしをごちそうになったりしました。また旅の後半、アンデスの山岳地帯、クスコからピサック、ウルバンバ、マチュピチュへと向う際に、御自分の診療所を閉めて御家族揃って同行して下さいましたので、とても心強い思いを致しました。それにもましてこの原田さん、それこそとてもとても不思議な体験を沢山お持ちの方でした。それ故にいま、〝ペルーでお医者さま〟と言うわけですが、その話をここで続けてしまったら大変なことになってしまいます。

さてその原田さんは、私達が何の為にここペルーまできたのか、マチュピチュに行こうとしているのかを何回もたずねられました。でも私は自分がこの、いわゆる自動書記をしている話とか、何か目に視えない世界に関っている話とか、その関係でペルーに来たなんてこと、一切話すつもりはなかったのです。つまり、いつでも私にはこのような話、ほんとうに本当《ホント》か嘘かわからないといった思いがつきまとっていましたし、ましてやそんなことではるばるこんな地球のウラがわまでやってきたへんな人達、と思われたくなかったのですね。そんなこと言ったらきっともう私達に逢いに来るのはやめにしようと思ってしまうかもしれないとさえ思いました。でもほんとうはこの原田さん夫妻、原田さん一家こそは、そうしたことの渦中にいらっしゃる方達だったのです。そのことが解ってからは、私の方もそれほど用心深くする必要はなくなりました。でもまだ一緒に行った仲間の人達にさえも、「こんなおかしな旅のつきあいをさせてしまってごめんなさい」、という思いはいっぱいあったのです。それは何故かといった話を、いま私はもっとはっきりと具体的に書いた方がいいかもしれないと思います。

私が自分の意志ではっきりとペルー行きを決めますと、私へのメッセンジャーの皆さまは、ノートあるいは私の声をつかって、けっこういろいろとても大げさなことを伝えてきました。つまり、何の為に私がペルーの、しかも〝マチュピチュ〟といった非常に限定された場所に行くことになっているかという話でした。

手っとり早く言ってしまいますと、「天に合図をしに行く」、つまりそれはこの地球以外の他の天体、他の星々に対して〝いまこそ地球は、いえ私達地球の上で育まれてきました人間としての魂達は、地球という小さな星の枠を抜け出して他の宇宙、他の星々の仲間入りをすることの出来る準備が出来ましたよ〟、と合図をするのだというのです。

まさか?! そんなこと……、と私でなくても誰だってびっくりするような話です。いえ、びっくりするよりも信じられないというか、とてもばかげた荒唐無稽の話のように思えます。もちろんこんな話が出て来ますには、それなりのいきさつがなかったわけではありませんでした。要はただそれを信じるか信じないか、信じて行くか行かないかの話でした。

そもそも私のこのノートと言いますものは、初めからまず信じるかどうか、といったごく単純なことから始りました。しかし、この〝信じる〟といったことはいったい何に対してなのか? といったことをこの頃はよく思います。もちろん、こんな話を信じてペルーに行くとしますと、まず初めには自分に対してです。自分がこんな話信じられるかどうかなのです。そして一緒に行ってもらおうとしている他の人達に対してなのです。他の人達にはいったい何て言ったらいいのかしら？　ということがあります。

　まあでも、とにかくこんな話は抜きにして、ごく普通に一般的に考えますと、ペルーでなくてもよその国々に旅するなんてことは、ごくありふれたなんでもない話なのです。あまり大げさに考えないで、とりあえずはただの観光旅行としてだっていいじゃないか。他のことはもちろん全部、この旅行に花を添えるようなものとして考えればいいわけです。とりあえず私はその線でいくことに致しました。いつか私がこの話を他の多くの人達の前に公開する時があったとしましても、まあその時はその時のこと、それなりの言いようがあるだろうとも思いました。

　さて、私達はペルーの首都リマで約四日ほどを過しました。その間、近間の博物館にも何ヵ所か行きました。ことに天野博物館は小さいながらもとても圧感でした。日本の、あれも触っちゃいけません、これも、というのと違って、ごく自然に目の前にある品々に手を触れさせてもらえました。なかでも様々な織物の収集は素晴しく、どのひとつをとってみても思わずため息の出てしまうようなものばかり。思わずしらず、それらの収納されてある平たく横長の引き出しを次々と開けてしまいました。なかには現代《いま》のような科学技術の発達したなかでも、決して真似することの出来ないような精巧なものも沢山あって、やはり何かこの世ならぬ他からの智恵の働きかけ、といったものを感じざるを得なかったのです。いま私達は、いつでも自分の側、自分の持っている知識や判断材料、自分の所属する社会や宗教的な世界からだけ見て、ああでもないこうでもない、あれは不可能だ、これはあり得ないといっているにすぎないと思いました。現にその自分の目の前にある品物を見ていますと、どれほど沢山自分サイドの条件を並べたて言いつのったとしましても、その現実に勝る理屈はないと思いました。

それはその後に出掛けましたナスカの巨大な地上絵を見た際にも同じように感じたことでした。三人乗り、五人乗りといった小さなセスナ機に私達は分乗しましたが、あちらのパイロット達はどうしたら乗客を喜ばせ興奮させることが出来るかを充分承知の上で、滑走路などまるで無いような砂漠の小さな空港を飛びたちました。

ペルーと言えば、ナスカ、マチュピチュ、インカ、とまあ大方は連想されるのではないかと思います。なかでも草木一本ないあの広大な砂漠に描かれた巨大な線描画のことは、何故そんなものが、つまり、空からでなければその全体像が解らないような巨大な絵をあんなにいくつもいくつも描く必要があったのか……、と誰もが思うことではないかと思います。人はさまざまに理屈をつけて、古代の人達の天文学的なものだとかなんとか言いますけれど、実さい空から見ていますと、そんなことどうでもいい、と言った気になってきます。どんなに人が、いえ誰が何と言いましょうとも、あの地上絵だけは空からでなければ何が何だかわからないものなのですから、ごく素直に、これは空から見て楽しんだにちがいない、と考えるのが自然な話だと思いました。

いま盛んにあちこちで広大な小麦畑に描かれた幾何学的な円、ミステリー・サークルが出現し、そのことが大きな話題になっていますけれど、あれなどもあっさりと、「あ、誰かが空から描いたんだ！」、と思えば簡単なことです。ほんとに宇宙人が描いたのかもしれませんものね。私はそう思います。ナスカの地上絵だって、もちろんいろんな深い意味を持ったものもあるでしょうけれど、ほんとうは案外なんでもなく、その当時の人達のリクリエーション的なものだったかもしれないではありませんか。当時の人達はそうしたものを楽しむだけの時間的余裕と、とても高度な飛行文明や何かを持っていたにちがいありません。

また、この地上絵のあります砂地をよく見ますと、幾筋もの水の流れのあと、川筋だったらしい形跡が残っているのです。昔々はもっと緑の多い地域だったのかもしれません。素晴しい飛行物体を使って、この地上のとても遠い地域との交流があったとしても少しもおかしくないように思いました。しかし、これは私のひとりよがりの考えで何の根拠もない話です。どうぞ気にとめないで読み流していただきたいと思います。

さて、このナスカの他にも私達は、赤道間近にもかかわらずペンギンやあざらしの沢山居るバジェスタ島などにも行きました。それはフンボルト寒流の関係だということでしたが、そんなこんなでペルーという国の空気にも少しなれた頃、私達は一きょに三千数百メートルの高地にある街クスコへ飛行機で向いました。

クスコは十六世紀頃に栄えたインカ帝国の首都でした。インカと言いますと、何かエジプトや中国のようにとても古い、つまり古代文明といったような印象を受けるのですけれど、実はとても若い最近の文明だったことを知りました。それ以前の文明は言葉を少し変えてプレ・インカとかアンデス文明というのが当っているようです。私達がよく耳にするインカ帝国と言った王国は、それ以前ペルーの各地に部族あるいは種族として点在していた人々を侵略、降伏させ、統合してつくりあげていった、いわば日本で言う徳川幕府のようなものでした。

クスコはつらい街でした。私達はそれまでの数日間で全く雨の降らない排気ガスで汚れきったペルーの空気にいくらか慣れたとは言え、海抜ゼロに近いリマからいきなり飛行機で三千数百メートルのクスコへと飛んできてしまったわけですから、ひとりを残しほとんど全員が高山病になってしまいました。いくらゆっくり歩きなさい、重い荷物を持ってはいけません、コカ茶を飲めば大丈夫、ニンニクスープがよく効くからと言われたって、その全部をその通りにしたってダメでした。人によってその症状は違うようですが、頭が痛くなったり、吐いたりくだしたり、ぐーすらぐーすら眠ってしまったり……。私達の泊ったホテルはその名を「ローヤル・インカ」と言いましたが、すぐに私達は「牢屋《ローヤ》のインカ」と言いかえました。造りは立派なのですが、ほとんど窓が無く、まるで閉じこめられてしまったような苦しさだったのです。

クスコの街はさすがに〝異国〟そのもの。リマではほとんど見かけなかったインディオの人々をここではとても沢山みかけました。石畳の続く道、石壁の家々、少し高台からみますと街全体が赤茶のレンガで出来ているように見えました。昔は日本の街の眺めもきっと同じように黒い瓦を乗せた家々の屋根が連っていたはずでしたが、いまはどこまでも無節操につくられた種々さまざまな建物の群が続いてしまっています。

もちろんクスコという街は、ある日ある時、スペイン人ピサロ率いるごくわずかの兵士達に滅されてしまいました。それまでは王都としてとても豊かに大いに栄えた街でした。その王宮と言いますか、〝太陽の神殿、月の神殿〟と言われます建物は、もちろん街中でのいちばん高台にあり、そのバルコニーからは街全体が一望できます。そしてよく、その巨大な石と石のすき間にはカミソリの刃一枚入らないと言われ、写真などで紹介されます驚異の石壁は、これらの神殿にとても沢山ありました。

美しく滑らかに磨きこまれた沢山の石達の造形はなんとも言えない趣きがありました

けれど、なんだか寒々しくもありました。こちらもまるで石の肌になってしまいそうな雰囲気でした。同じ石の文化とは言え、前に訪れましたエジプトのそれとは何かとても違ってみえたのです。

さて、私達の旅はクスコからピサック、ウルバンバへと続きました。そうです、アンデスの山脈の中にあるウルバンバの村道（?）を通り、オリャンタイタンボの遺跡を観に行った日は四月八日でした。その日はあの五年に一度のペルーの大統領選挙のあった日です。私達は日系人の藤森さんが立候補し、もしかして当選するとしたら、とっても素晴しく凄いことではないかと思っていたのですが、ペルーに住む日本人の皆さんは、当選したら困る、大変だと口を揃えて言いました。初めそれが何故なのかととても意外でしたが、よく聞いてみますと「なるほど……」というわけです。つまり、藤森さんは突然出てきた人で、政治の世界には全くの素人とのことでした。ですからたとえ当選したとしましても、その彼を支持し協力していくはずの与党が全く無いというわけです。ペルー国内に於ける日本人への信頼、と言いますか期待感はとても大きいため、逆にもし当選して何も出来ない、全然世の中よくならないとなったときのその反動、つまり期待を裏切られた思いがどのような形で日本人にはね返ってくるかわからない、と言うのでした。今現在、事実はそうなってしまっているわけですから、当時の心配は大きく当っていたということです。

さて、話を前に戻しますと、その投票日にウルバンバを通過した時、まるで関所みたいに車を止められ、一人一〇〇インティの通行料をとられました。ところが次の日九日、つまり投票日の翌日、同じ所を通ろうとしますと、なんと一人一万インティにはね上っていたのです。中には文句をつける人が居るからでしょうか、ものものしく警察官が通行料のとり立て人と一緒に何人も並んでいます。大変なのは旅行者を案内するガイドさんです。急に十倍もの通行料を払わなければなりませんので、まるでリュックから札束でも取り出すように、そう、ひと抱えもあるほどのお札を数えます。

この日私達は、デンワも無いといったいまどき考えられないような、でも囲りにぐるっとアンデスのまだまだら雪の残った山脈に囲まれたとっても素的なホテルの前で、クスコからやってくるはずの乗り合バスをかなりの間待っていました。投票日の翌日ですから、ほんとに来るのか来ないのか、ハラハラドキドキの待ち時間でした。村道のはるか向うにその姿を見た時にはほんとにホッとしました。バスに日本人は私達だけで、他はみんな白人ばかり。土地の人達はガイドさん以外全く乗っていません。そうです、土地の人達はみんな骨組だけで屋根のない、つまりビニールハウスの鉄パイプだけで幌のかかっていないような小型トラックに、ギュウギュウづめに立ち乗りしてそのパイプにぶらさがっています。どうやらそれがバス代りらしいのです。

こうして書いていますと、書きたいことってほんとに沢山あります。もうあれもこれも無情に目をつむり、カットカットできているのですけれど、なかなかです。

その、何時どこで何があるのか、どんな異変が起きているやもしれないとても不安なその投票日翌日の朝、私達はとうとう念願のマチュピチュに向けてスタートしたのでした。クスコからマチュピチュに向けては電車が通っていましたけれど、私達はその途中の駅、オリャンタイタンボの駅から乗ることになりました。

リマの街中ではあまりに治安が悪すぎるのか、子供の物売り姿にはほとんど逢わなかった、いえ、そんな処に行かなかっただけなのかもしれませんが、このオリャンタイタンボの駅近くでバスを降りますと、まるでワッと蝿がむらがってくるみたいに手に手に売り物を捧げ持った汚れはてた子供達が寄ってきました。くちぐちに「オネイサン」「オネイサン、カッテクダサイ」を叫んでいます。なかにはとっても美味しそうなまるまっちい小型のバナナを持っている子がいたりして、思わず〝欲しいな〟なんて目をしてしまいました。そしたらめざとく原田さんが、「いま買わないで下さい。あとで私が買ってきますから……」、と言って下さいました。ほんとにその時うっかり私が買おうものなら、他の子供達も我も我もと大ハッスルするにきまっているのです。それは前のエジプトの時にも同じでしたが、でもここの子供達の表情には、あの時のエジプトの子供達のような明るさ、目の輝きがないような気がしました。でもほんとにけたたましくうるさい子供達、いえもちろん大人もその中には混っていて、決して負けてはいません。

乗りこんだ電車は全席指定。中でけっこういろんなものが売られていました。原田さんはもう一度外に出て、さっそくバナナをひと房買ってきて下さいました。ペルーにきてその、たとえば街の汚なさとか治安の悪さ、クスコでの高山病とか、とてもとてもひどいさまざまな要素が沢山ありましたが、それはそれでそんなものだと受けとめることが出来ましたけれど、ただひとつとてもいやだったことは、食べものが何しろ美味しくない、まずい!! ことでした。ふだん私はそんなに贅沢な食事をしているわけではありません。それどころか、季節季節のありあわせの野菜料理のようなものばかりです。でも結局その季節毎に食べてるその野菜や果物、調味料が、私の場合、市販のそれと違ってとびきり味のある美味しいものばかりでしたから、このペルーでの食事の味の無さには困ってしまいました。何ひとつ、パンも野菜も、タマゴも肉も牛乳も、〝ああ美味しい!〟と思えるものが何も無かったのです。そんな中で、この時原田さんの買ってきて下さった短かく太めの何本かのバナナは、久しぶりに食べものを食べた、という気が致しました。

オリャンタイタンボの駅からなかなか電車は出発しませんでした。ですからその囲りにまるで露天市場のように数々の品物を並べている土産物屋さん達が、沢山窓下まで群がりよってはてんでに物を売りつけようとしています。神戸、いえ芦屋から来た友人などさすが関西の人、というか旅なれているというか、まるでゲームのように値切りを楽しんでいます。彼女と一緒に居ると値切らずに買物するなんて、ほんとにバカみたい、そんな気になってしまうからおかしなものです。なにしろ初めっから何倍もふっかけてあるものがほとんどですから、売値ってぐいぐいいくらでも下っていくのですものね。前のエジプト旅行の時にはただの一度も値切らずに買いものして、あとでばかね、と笑われました。

電車の線路は谷間の底をくねりながら流れているウルバンバ川に添って走っていましたので、私達は終点マチュピチュに着くまでの約一時間余を狭く広くと変る景観を充分に楽しみました。

終点マチュピチュ駅はとても小さな駅です。三十人程乗れる位のバスが何台か待っていて、私達は降りた順番に今度はそのバスに乗りこみました。

私はどうもいつでも子供みたいで、乗り物に乗る時は前の方が好きなのです。今度はホセさんのバスと違って運転席の横というわけにもいきませんでしたので、その後の席に座りました。するとすぐ右手が昇降口です。ところがこのバス、その昇降口のドアがピチッと閉らないのです。ウルバンバの川底からマチュピチュの遺跡までは丁度日光のいろは坂のような、いえもっと急勾配、急カーブの山道をぐいぐいと登っていくのです。標高差二、三百メートルは登る、そんなかんじなのです。ですからバスがそのUカーブ、ヘアピンカーブを曲る度に、こわれたドアがバターン、バターンと開いたり閉ったりします。上に行けば行く程バスはひいひいあえぎますし、道はもちろん舗装などしてある気配はありません。バターンと開いたドアのすぐ先は、深〜いふかあい谷底みたい。ドア近くに座ってしまった人達から思わずしらずいろんな悲鳴がとび出します。でも私は逆にこんなのが好きだから困ってしまいます。内心ウヒウヒしています。ナスカでセスナに乗った時も、パイロットが傾けてくれればくれるほどいい〜気分になってしまうのですから、こんなのなんでもありません。どうも根っからのオテンバのようなのです。

どの位かかったのでしょうか、上まで辿りつくのに……。やっと終点、ぞろぞろとバスを降りてみて驚きました。完全にこの車オーバーヒートしていて、バスの頭からボーボーシューシュー、すさまじい勢いで白煙があがっていました。まあペルーとはこんなもんです、とここまできますと妙に納得してしまい、日本に帰ってからも車に対する見方がずいぶん変ってしまいました。

降りたところはもうマチュピチュ。ホテルの庭先のような処でした。その夜はもちろんこのホテルに泊りです。いえほんとうは私達、このホテルの予約はとれていなかったのでした。私達のペルー行きがあまりに急に決ったこともありましたが、いまやこの遺跡、世界の観光地となっていますから、下手しますと一年も前から予約しないと泊れないとのことでした。定員五十人かそこらではないかと思うような小さなホテルで、遺跡入り口は目と鼻の先。他に人家はありません。あるのは売店と遺跡管理事務所だけでした。仕方がないので、私達は下のマチュピチュ駅のひとつ手前の駅アグア・カリエンテスにあるホテルに泊ることになっていました。ところがリマで逢った原田さんにそのことを話しますと、「でもみなさんの旅はマチュピチュに泊らなかったら意味がないのではないですか？　泊らないとしたら夕方四時ごろのバスで下に降りないといけません。そして次の日の朝までバスの便はないのですから……」、ととても心配して下さったのです。さっそくリマから再度ホテルに問い合せしてみたのですが、全く空き室なしで断られてしまいました。「でも大丈夫、絶対みなさんは泊れますよ」、と原田さんははっきりと断言するかのように言ってくれました。

それまで私達は、「マチュピチュ」という名のホテルに泊れないだけで、すぐ近くの他のホテルに泊る位の気分だったのですが、原田さんの話を聞くにつれ、だんだん心配になってしまいました。原田さんはあんなにはっきり自信たっぷりに言ってくれましたけど、そんな奇蹟のようなこと起きるわけがない、そう思えてきたのです。それに私達七人だけでもとれなかったのに、いまは原田さんの家族四人が加わり十一人となって、条件はさらに悪くなっています。それより、原田さん達は泊れても私達は泊れないってことになるかもしれない、とも思いました。

「大丈夫、クスコに行けばなんとかなりますよ」

原田さんのその言葉を当てにして私達はリマを旅立ったのでした。

でも、ほんとにクスコでそれはその通りのことになりました。ローヤのインカの苦しい夜が明け、みなさんの待つ朝食の席に降りていった時、第一番にきいたのがそのことでした。

「やっぱりマチュピチュとれましたよ。全員泊れるそうです！」

とても嬉しいニュースでした。原田さんの言った通りになりました。原田さん何か魔法つかったのかな？　とも思いました。もしかしてノートの人達が、と思うのはとても簡単なことでしたけれど、私はそういうふうに考えるのは極力さけたいと思っていました。もっと現実的にものごとを見たり判断したりしていかなければ、なんだかこうしたことのひとつひとつがとりとめのない、とてもおかしな話になってしまいます。しかしそのようになってみますと、それもまた当然の成りゆきのように思えてくるからおかしなものです。

下界ではずっと、まだ二十《はたち》そこそこの相曽さんのガイドでしたが、クスコからはもう一世代年長の花田さんという若い人が私達の案内役になりました。彼はクスコの女性と結婚していて、クスコの街で民宿をやっているとのことでした。彼にまつわる楽しい話、ほんとにいろいろ聞きましたけれど、いまはそれを書いてるわけにもまいりません。

マチュピチュのホテルで各自の部屋に荷物を収めますと、さっそく花田さんの案内で私達は、いよいよ〝夢〟にみた遺跡へと足を踏み入れることになったのです。

もうマチュピチュ遺跡のことは、どなたも知らない方は居ないのではないかしら……、そんな気がしていますが、ほんとうはどうなのでしょうか。例の階段状になった昔の段々畑の中ほどから、私達は遺跡の中に入っていくことになっているのです。すでにそこは、私のよく知った世界でした。なんだかもうとてもよく知りつくしている、といった気が致しました。知っているけれどいまはまだ私は旅の人、このガイドの花田さんにとりあえず案内していただいている、そんな思いです。

畑を抜けて、石組のさまざまな建造物が続く中へと私達は入っていきました。花田さんがまず最初の案内の場に立ちどまり、私達を囲りに集めて説明を始めました。そこは山の上、インカ道あたりのどこかから引かれてきているらしい水路、水のたまり場のような場所でした。ところがふと誰かが、「あ、虹が出ている」、と後を振りかえりながら声にしました。「え？　ほんと？」「ほんとほんと、ほんとに虹よ！」、くちぐちに言い始めた私達は、花田さんの説明などもうそっちのけです。その時まで、誰も虹が出るなんて思ってもいませんでした。

その初めほんのうっすらだった虹はすぐ目と鼻の先にあり、それが〝ニジだニジだ〟と言ってるまに、まるでこんこんと湧き出す泉の水をみているように刻々とその色彩の濃さが増していきます。ふだんはあまりよく目に見えないいちばん内側の紫色までが、まるでクリスタルのきらめきをみるかのように輝き始めたのです。キラキラ、キラキラ、キラキラと、クリスタルの触れ合う音が聴えてこないのが不思議な位です。もしほんとうにこの虹の上が歩けたら、しっかりとした硬い感触が足の裏に感じられるに違いないと思いました。

ほんとうにこれはただの虹ではない!! みんながそう思う頃には、その上にもうひとつの虹が生れ始めていました。

いったいこの虹、どこから生れてるのかしら? ふとそう思ってその足下をぐ~と覗きますと、それはなんとはるか下の谷間を流れるウルバンバ川から生《は》えていて、私達の泊ることになっているホテルのすぐ裏山の中腹で止まっているのです。すぐかけ出していけばその虹の光の中に入っていけそうなほどの近さでした。

「今日は何か起きるんじゃないですか、みなさん」、と思わず花田さんが大声をあげました。

「僕は何年も、それこそ何十回もここに来てますけどね、こんなのみたの初めてですよ。

いやあ、今日は何か起きるんじゃないでしょうかね……」、とまた言いました。結局いちばん驚き興奮しているのは、この花田さんだったようです。私達は何も知りませんからマチュピチュの虹はこんななのかなー、と思いながら、ただただ感動してみていただけなのです。そしてその虹の内側と外側では、それこそ〝光と影〟の世界のように光の明るさが違うこともこの虹によって知りました。

これはつまり、私達に対する光の歓迎アーチ、歓迎レインボーに違いないと勝手に決めこむことに致しました。こんなに苦労してここまではるばる来たのですから、いやあこれ位のセレモニーぐらいなくてはねえ……。ほんとに人の心とは勝手なものです。やっと念願の遺跡に立ち、それだけでも充分な喜びでしたのに、この虹をみてからはますます心が弾むような気がしてならないのです。「ああ、私達ってきっと祝福されているらしい……」うれしいな……、そんな思いです。

その虹は生れてから消えるまでに約四十分程の時間がありました。花田さんの説明にも勢い熱が入りました。ある場所ではギロチンにかけられるような真似までしてみせてくれましたが、彼はその日のうちにクスコに帰るから、と私達を遺跡に残し夕方のバスで山を降りて行ってしまいました。

「九日、十日に私はマチュピチュに居るんです」、このペルーへの旅はそう言って始められたわけで、いま四月九日の真夜中、私達は全員、いえ原田さんのお子さん二人をホテルに残して、マチュピチュの遺跡の中にいました。ホテルを出たのは十一時少し前。夜空を仰ぎますと白く美しい月が輝いていました。少し雲が出てきていました。

私が、いったい何が起きるか何をするのかもさっぱり解らないままに、こうして仲間の皆さんを伴ってこんな真夜中の遺跡に入るまでには、とても大きな迷いと言いますか、躊躇するものがありました。有れば良し、無かったとき、はるばるこんなところまで一緒にやってきた皆さんは何と思うのかしら？　がっかりするのかな、それとも、まあこんなものさ、と大人の判断をするのかしら？　有ってもなくてもひとつの旅、ツアーとして思い出に残して下さればそれでいいのだけれども……。そんな思いがしきりに心の中をよぎり、私にしては珍しく、ぐちぐちした思いが心の中を右往左往していました。

でもいいんだ、だってここまで来てしまったのだもの。あの十年余も前に見た白昼夢のようなビジョンは本当のことだったではないか。そうです、今日昼間遺跡に入り、段々畑の入口に立った時、いえ、中に入れば入るほど、あの時のビジョンの印象がありありと心に甦ってきました。まるであの時がいまであるかのように……。あの時みた萱葺き屋根、石の壁の小さな建物に私は直《ぢか》に手を触れさえしているのですから。あの時の白い雲、青い空、深いひだひだを持った濃い緑の山脈《やまなみ》……。ああ、あの美しいクリスタルのような虹の歓迎だってウソではなかった、とそう思いました。

どこまで私は、自分がおっちょこちょいなのか慎重なのか、それとも疑い深いのかわからなくなってしまいました。そうだ、みんなにもそのあたりのこと充分承知してもらって、ついてくる人には来てもらおう……。そう決心すると、十一時近くのホテルの一室でみんなに集ってもらい、その旨話してみたのでした。そしてもちろんそれを承知の上で、私と一緒に遺跡に行きましょう、ということになりました。

ところが、いざ入り口まで行ってみますとしっかり扉には鍵がかかってビクともしません。そんなこと予想もしていませんでした。なんだかスーッと入っていける気でいたものですからがっくりです。どうしましょうか？　どうします？　と皆が出鼻をくじかれた思いでいますと、「私が交渉して来ます」、と原田さんが管理事務所に急いで行きました。全員昼間と同じ入園料を払う、ということでとにかくOKとなりました。

管理人は鍵をガチャガチャ開けながら「時間はどれ位？」、とききました。「二時間と言って下さい」、と私です。何の根拠もありません。ただそう感じただけでした。

昼間と違って今度は案内人は誰も居ません。それに遺跡の中のどこに行くといった当てがあるわけではありません。とにかく昼間一度は通った道です。ただ足の向くまま気の向くままに行くだけのことです。私の行く先を知っているのは彼等、つまりはノートで語りかけてくる彼らだけのことです。何しろ私は彼らの誘いにのってここまでやってきてしまったのです。最後のどたん場になって〝わしゃ知らん〟なんてことはないだろう、そう思いました。

あのエジプトの時とは全く勝手がちがいました。あの時は日本交通公社のツアーでしたし、直接の仲間はわずか三人。しかも三人だけで夜のピラミッドを訪ね、何が何だかわからないうちにピラミッド近くの遺跡に入りこみ、パトロール中のお巡りさんにみつかりひきずり降されるのかと思ったら、いつの間にかピラミッドに祈りを奉げる祭壇に連れて行かれて座らされ、〝はいここでやりなさい〟、なんてことになってしまったわけでした。ところが今度は行く前から〝全宇宙に合図を……〟、なんて言われ、案内人も何もなしなんです。ただ足の向くまま、みんな黙って私のあとについてきます。

でも、だいたいの当りはついていました。多分あそこだろうと思っていた処に向って私の足はぐんぐん進み上っていきます。そこは遺跡中、造られた場所では最も高い場所にあり、俗に日時計、〝インティ・ワタナ〟といわれるもののある高台でした。〝インティ・ワタナ〟とは、〝天と地をつなぐ〟、という意味があるときいていました。もしほんとうに〝天に合図を〟というのなら、そこ以外にはないと思いました。

入り口を入り、そこに辿りつくまで約十分位?、石段を次々登ってきた私達は少し疲れ、汗をかいてもいました。その日時計と言われますものは、大きな、どちらかと言えばだ円形に近い自然石を人工的に何段かに細工したものでした。台座とも言える部分は自然の石の姿をそのまま残してありました。上部を平らにしてあります。その中央部から約五十センチ程の高さに突起部があり、その表面いちばん高い部分は長方形をしていて、狭い幅が約二十センチ、長さの方は三十センチほどもあったのでしょうか。別に計ったわけではありませんので正確なところはわかりません。

〝ああやれやれ、着いた!〟、そんな思いで私は誰よりも先にその台座のような処に腰を下しました。別に他意はなかったのです。当然他の人達もその囲りに同じように腰掛けてくると思っていました。でも、他の人達はそこには腰掛けては来なかったのです。それどころか妙にしんと静まりかえっています。何かおかしい。みんな、もうその気になってるのかしら?　もう少しワーッときてもいいのに……、そんなこと思いました。

私は丁度東の方角に向いて座っていました。私はいつのまにか自分が自分でなくなっていることに気付きました。私の背すじはいとも立派にシャンと伸び、腰はきちっと座り、両の手は胸元に静かに合せられていました。それからの動きと言葉はもちろんここにそのまま再現することは出来ません。

祈りの仕草は東に始り南に回り、次に西、そして北へと移りました。北に移った時、その仕草は言葉に変りました。

この大蒼に宇宙というものが出来、その気の遠くなるほどの宇宙創成活動の中で、この銀河系そして太陽系、その中のひとつとして特別な星地球がつくられた話。その特別な星地球の上で多くの他の天体の星々の仲間達も共に人となり、人間として、いえ人類としての歴史を重ね、人としての学びを重ねてここまでやってきたことなど。多くの他の星々の存在達は、この小さな美しい緑の星、水の惑星の地球を、まるで宇宙の中のひとつの小さな卵のように大事にやさしく守り育ててきた話。この小さなタマゴを守りあたため育ててきたのは、あの偉大なる光、太陽であること。しかしその太陽もまたこの宇宙の中ではひとつの小さな星にすぎない話。他の天体、他の星々の仲間達は、いつこの小さなタマゴの中でそのヒナが育ちカラを破って出てくることになるのか、それをいまかいまかと待っているとのこと。だからもうそのヒナが充分育ち、中からカラを破ってもいい時がきて、外からもそのカラを破ってくれてもいい時がきた、と全宇宙の皆さまに合図を送らなければならないのです。今日はそのことの為に、ここまできたのです。天にとても近いこの場所で……、というわけでした。

そうです、あちらの皆さま、目に視えない世界の時の計り方や物の考え方捉え方と、このいかにも人間的、地球的な私達のそれとはとても大きく違っているのかもしれません。あちらで〝その時〟、といっても、実さいの私達人間の時間の計算でいけば、まだまだ何十年、あるいはもっと先のことなのかもしれません。あるいは早い人もいれば遅い人もいる、といったようなことなのかもしれません。

とにかく、北の方角を向いたままひとくさりそんなおしゃべりをした後、今度はいきなり、先程説明しました中央部分の五十センチ程の高さの狭いところに私は立つことになってしまいました。私はつまり、昔々体操の選手もどきだったことがありましたから、両足そろえるのがやっとのその石の上に立つのは何でもありませんでしたが、でもいちばん下からの高さはけっこうありました。

その上に立ってからは、また東を始めにして南、西、北と順々に、まるで手旗信号のような仕草で、思わず〝オーイ、オーイ〟と声まで伴ってしまいそうな感じで、つまり合図を送るのでした。

もしそこで、です。それまでの曇っていた空が全天パアーッと開けてUFOの大群でもやってきたとしましたら、それ以上のドラマはなく、昼間のあの虹なんぞくそくらえ、なんてことになってしまうのでしょうけれど、実さいはそんなこと全くありませんでした。私が合図を送ればさまざまな星々の母船が動き出すだろうなんて、そんな夢みたいな少年マンガみたいな話まで、私のノートや声を通して彼らは言っていたのです。ふだん私はただのひとつさえＵＦＯを見たこともありませんでした。そんな話が前もってあったりしましたから、全員には話さないまでも、私はとてもいやで気が重かったのでした。

そうです、その時は雲が開けるどころではありませんでした。それどころか、そんなことを言ったりやったりしているまに、それこそそれまでとてもよく見えていたまわりのあの特徴ある黒々とした山脈の姿や、南側はるか下方にチラチラ見えていた街？　人家の灯りも何もかも、乳白色の雲、いえ霧がみるまに湧き出てきて、あたり一面をすっぽりとおおい包み、何ひとつ見えなくしてしまったのでした。見えているのは私達の立っている足元だけです。

なんでこんなにも一気に霧がかかってきてしまったのだろう……？　と思いました。よりにもよってこの全天の合図のあとに、何故？

「そうです、いまあなた方の眼には、いままで確かに在り見えていたはずのものが何ひとつ見えなくなってしまっているのです。これまでのことはすべてそれと同じことではないでしょうか。あなた方には何ひとつ視えていないのでしょうけれど、私達は確かにここに存在し、他の天体のものも確かに実在しているのです。しかしそれはいまあなた方の眼の前でなされたこの霧の仕組と同じで、どんなに確かな存在も、ひとつ霧がかかることで全く何も無いのと同じように何も視えなくなってしまいます。いまのあなた方、現代の人々、地球人としてのあなた方は、丁度このように霧の中に居て私達を視ないでいるのと同じです。視えないから無い、視えないから存在しないとは考えないことです。確かな存在を視ないのは、あなた方のいかにも地球人的な既成概念を通してしか他を見ないからではないでしょうか。確かにいま、少くともあなたは、この私達、私達の母船を視たはずではなかったでしょうか。そうです、ひとりひとりこの台の上に立って、この霧の向うの確かな存在をいま一度思いおこしてみて下さい」

そのように私の口は語りました。そしてそこにいた人達は、全員ではありませんでしたが、一人一人次々と一段ひくい台座の上に立っては四方の何も視えない霧の空間を眺めたのでした。なんだか誰も観る人のいないお芝居をやっているようなものでした。中にこの芝居にのれない人達が居ても仕方のないことでした。

そして私は、そうだ、さっき確かに視たと思ったのはやっぱり本当だったのかな？　とひとりチラと思いました。私がその狭く高い台から下りてふと上空を見上げた時に、まるで賑やかなシャンデリアのように青や赤、白、黄といった豆電球でも沢山飾りつけたような、巨大なボアーッとした物体が霧の中でおおいかぶさるように在るような気がしたのです。思わず〝あそこに母船が……〟、と自分では言ったような気がしたのですが、結局声にはなってなかったのかな？　と思いました。でもそれで良かったのです。言ったところで誰にも視えはしなかったのですから……。

私のとんでもない一人芝居はこれで終りました。もうこの場での出来事は終りました。

帰りはとても早い気がしました。途中であの畑のところで何匹かのホタルをみました。地べたにいろいろな色に光る虫もみつけました。まるでさっきの母船みたいな光だな、と思いました。

出口まで来ましたら大変です。戸は開きません。外から鍵がかかっています。絶対にどこからも出られません。閉められているのです。仕方がない、大きな声で呼んでみよう、なんてワイワイやってますうちに、ポッと近づいてくる小さな灯りがみえました。扉を開けに来てくれたのです。私達が帰ってきたことがよくわかったと思いましたら、「二時間経ったから開けに来た」、ということでした。私達は丁度二時間で帰ってきたのでした。ほっとしました。

そう、それからももちろん、帰国するまでにはいろいろとありました。でももうそれはいいでしょう。このマチュピチュでの出来ごとを書く為に、少々それまでの旅の行程を書いたのでした。

この話はもちろん実際の話ですけれど、その内容の真実性を証しするものは何もありません。私のノートの内容と同じようなものなのです。ただ、こんなばかなことを信じて動く人間も居たということを知って下さればそれでいいだけのことでした。こんな出来ごとと関係なく、大宇宙《おおぞら》は動き続け、多くの人々の生活は営まれ続けているのですから……。

征

四月十三日（金）

＊おはようございます。いまは日本へ帰る飛行機の中です。もうすぐロサンジェルスに着こうとしています。

はい、おはようございます。

先ほど私達は、あの明るい朝の陽ざしの中から今日のご挨拶をしようとしていたのです。

いまこうして十数日に渡りますあなた方の旅路は終わりになろうとしているのですけれど、

本当はそうではなく、全く新しい旅路の始まりであると言えるのです。

おそらくあなた方のこれまでの人生の中で、一度も経験したことのない旅路の始まりであると言えましょう。

そうです、今のあなた方のその姿形がすぐに変化してしまう、ということではありませんが、これから先のあなた方人々のその肉体的機能といいますものは、否応なしに変化していかざるを得ない、ということでありましょう。

そうです、あなた方人々の体、その肉体といわれますものは今の在り方、機能のままでは、これから先行われようとしていますこの大地、地球の大きなうねり、大変革の時、あるいはその後の地上に於けるこれまでとは異なった環境の中では生きていきにくいことになるからにほかなりません。

いま私達は何か恐ろしいことでも言いましたでしょうか。いいえ、決してそのようなことはありません。

その肉体的な変化と、あなた方の意識といいますか、魂の変化は別に連動しているものではありません。肉体は物体であり、魂は物ではないのです。

そうですね、話をいま少し整理していくことにいたしましょう。

とにかくいまあなた方は、これまでにない全く新しい形の旅が始まったということであります。それはこれまでのようなただ単なる地上的な旅、というものではなく、他の天体に対しても充分に機能し得るものへの変化の旅路でありましょう。

あなた方人類はいま、この地上的な科学の発達の結果として得ましたロケットを使って、この地上をとりまいています大気圏外にまで飛び立ってまいりました。

しかしただそのようなことでは、いかに科学の発達をみましてもそれ以上のことにはなってはまいりません。なぜならば、あなた方のその地球的な肉体といいますものは、いつでも必ずその体を防御するための大げさな、いわゆる宇宙服を必要としているからなのです。そのため、まことに制限のある非常に狭められた行動の範囲で終わらざるを得ないと言えましょう。

ですからその防護服無しでの他の天体への移動、などといったものは不可能そのものでありましょう。その先の他の天体との関わりの上で言いますならば、今の肉体のままでは何ら機能し得ないのです。

さて、この地球がこの先どのようなことになっていきますかは、これまでに私達は度々伝えてまいりました。それはいわば新しい地球の誕生、ということでもありますので、何ら困った現象であるというわけではありません。

そうです、これまでのあなた方の既成概念の中には、この地球以外の他の天体との具体的な関わりなどというものは全く無いものでありました。すべてはこの地上的なありとあらゆるものとの関わりの中で発想され、思考されてまいりました。

地球以外の他の天体との関わりは、ごく一部の科学者たちの中で少しずつ具体化されてまいりました。また天文学者といわれる人々によって、科学的な眼で見える範囲をはるかに凌ぐ形で広大な宇宙の情報といいますものが人々の中にもたらされてまいりました。またそれ以外にも、いわゆるＵＦＯ、未知なる飛行物体ですとか、さまざまな地球以外の世界からと思われます電波や具体的な物体、それらに所属いたします存在からの情報をキャッチすることの出来る人々が急速に増えてきていると言えるのです。

いまこそあなた方は、それらの意味することをまことにより具体的に考えてみる必要がありましょう。

これまでの、いえ今現在でありましても、あなた方のまわりには現実には見えない世界、つまり私などの不可視の世界からの情報と共に、非常に現実的ないわゆるＵＦＯなどとの接触を持つことの出来る人物も増えてきているのではありませんか。つまり霊なる世界もＵＦＯも同時に存在している世界が、この宇宙そのものの姿であると言えるのです。

そうです、あなた方はこれまで多くの宗教的教典の中にも、あきらかに他の天体の物体であるかのような記述をそこかしこにみることが出来る、とは思わないでしょうか。

それらのものの中に現れてまいりますいかにも謎めいた物体は、いまになれば明らかに他の天体との関わりによるものである、と断定と言いますかはっきり言うことが出来ますが、その当時の人々にとりましてはそのように思考することは出来なかったのです。

しかし今は違います。これからは日常的な思考の範囲に入ってくることになりましょう。

さあいま私達はこれから先の為、あなた方の思考分野、思考いたします世界観が少しでも広がっていくことが出来ますように、と話してまいりました。

そうです。これまでのあなた方人々が実に長い間、神の世界、仏の世界としてみてまいりました不可視の世界といいますものは、これから先他の星々、他の天体との関わりをより具体的に知っていきますならば、その世界の実態といいますものをはっきりと知ることになってまいります。

そうです、これまであなた方がよく知りよく呼びなれてまいりました私達、つまり神や仏のひとり子、申し子と言われ、まるで神や仏の化身者、あるいは代理人、代弁者でありましたこの私達自身、実はその所属いたします非常に具体的な天体がある、ということをあなた方には知っていただくことになってまいります。

そうです、いま私達はこのようにしてお互いの持っています同じ周波数のエネルギーを通して、あなたに話してまいりました。私達は人間的な意味での肉体など持つ必要は全くありませんが、その所属いたします天体なりの形状はあると言えるのです。

いまは狭い飛行機の中での記述ですので、この先のことは後ほどに致しましょう。

いえす

四月二十二日（日）

＊今日は久しぶりに「アースデイ」、という大きな集まりに参加しました。これは日本だけの催しではありません。世界の各地でこの地球のいまのこと、そしてこれからの地球のあるべき姿のことを考えようとしています。いま何が出来るのか、ということの集まりでもあります。

はい。その通りのことですね。今この時、何がどのような事があなた方のまわりで起きているのかをよく知ることが出来たのではないでしょうか。
世界はすでに動いています。広大な宇宙の中の、本当に小さな一地域にしかすぎないこの小さな星の上でさまざまなことが起きていますが、他の天体から見ますならば、まだ殻の割れていない成熟前のタマゴのような存在であるとも言えましょう。あなた方はその殻とも胎《はら》とも言えますこの地球の中で、それぞれに自が魂を育て上げてまいりました。そしていまその殻は大きく破られようとしています。

今度は外の世界、他の星々に向けてもさまざまな働きをしていくことになってまいりますが、いまはまだ全員がそこまでには至ってはいないのです。いずれこの星地球を、宇宙の中のひとつの地域として見ることの出来る眼を、心を育て上げてまいりましょう。その前に、とりあえずはこの地球の中にあります「国」、という単位をはずし、国境をはずし、文化の違いを乗り越えた世界観を持つ必要がありますね。そのことに何か支障があるとしましたら、それは言葉や文化の違いであると言えましょう。

しかしいま、それらも徐々に取り除かれつつあります。互いに互いの持つ言葉を理解し合う、といいますことは、つまりそれは心を識る、ということでもありましょう。

いまのあなた方は、さまざまな交通機関や通信手段の急速な発達により、まことに自由自在に他国に旅をし互いの交流を重ねることを可能にしているのです。それはどんなにすばらしいことでしょうか。

さまざまな交通手段、通信手段の発達により、世界は、地域はまことに狭いものになってまいりました。その分時間といいますものも大きく縮まってしまったと言えるのかもしれません。

もちろんこれは、いわゆる文明の発達というものでありますけれど、さてこれはどこまでいけばこれでよし、これで終わり、となることでしょうか。

さて、いま私達はこれらのものを超えることの出来るものがある、ということをあなた方にお伝えすることが出来ます。それは私達とあなた方の本来の関係であると言えるのです。

この私達との関係では、あなた方の文明の大きな成果である交通手段や通信手段など全く使う必要はありません。

私達との関係だけではなく、あなた方人と人との関係といいますものも、本来であればそれこそ以心伝心、つまりテレパシーとでも申しましょうか。人は本来何も使わなくても、つまり言葉というものでさえ使わなくても本来の力、能力によって互いに互いを知ることが出来た時がありました。お互いの魂の一体化、とでも申しましょうか、本来すべてのものは神なる宇宙意識の分かれであるのですから、その一体化現象による意志の共有、共通性はごく普通、あたりまえのことであるはずでした。しかし人だけではなくあらゆるものが、それ独自の言語、あるいは思考形態を持つ、という分かれ方をしてしまったのです。もちろんまれには、人以外のあらゆるものと意志の疎通の出来る特異な力を持つ者の存在があります。そのような者の数はとても少なく、ほとんどの者の意識は、いわば盲目の状態であると言わざるを得ません。

さて、話はどこにいってしまったのでしょうか。そうです、いまはまだこの小さな地球という星の上で、あなた方は最善を尽くす、といいますか、この星の上での残されました時間を最大限有効に使い、互いに互いの心が喜びますことを惜し気なく執り行ってまいりますように、と申し上げたいと思います。

いえす

七月三日（火）

＊いま私はとても静かで贅沢な空間にいるのです。
本当に静かで気持ちが休まります。今日は沢山の人たちが集まるのかと思っていましたが、こうして私一人の空間をつくって待っていて下さいました。
ここがもっと近ければ……、いえこのように少し遠いからいいのかもしれません。なんと久しぶりにこのように落ち着いた気持ちでこのノートを開いたことでしょうか。

はい、今日はとても落ち着きのある良い日となりました。

この雨で、乾いた大地や生い茂っていますさまざまな緑の仲間たちがどんなに喜んでいることでしょうか。

私達もまた、このような静かな佇まいの中に居ますあなたの姿にほっとしているのです。なぜかずい分遠い昔のことのように思えていますさまざまな出来事なども、このような静けさの中に落ち着いていますと、少しずつはっきりと思い出されてまいりましょう。

いますぐ何をどう、ということではありませんが、このところのあなたの忙しさの中では、しっかりと何かを伝えることは出来にくいことでした。とりあえず今はあなた自身が、この静かな空間の持っております気配に慣れて下さると良いのです。

そうです、今日はあまり時計のことなど気にしないで成さねばならないことをまとめてみては、と思います。いろいろと大変なことが沢山ありますけれど、しばしこの静けさを楽しんでまいりましょう。

あいしています　　あなたのふらんしすこ

＊この頃ときどき〃ふらんしすこ〃のサインが生まれてきます。

あの懐かしいアッシジのことが思われてなりません。あの頃のことをもう少しよく思い出すことが出来たらいいのに、と思うのです。あの頃共に過ごしました人達の想いとは、どんなものであったのか等考えてしまいます。

あの頃私達はいったい何を考えていたのでしょう。

はい、いま私達はいろんな要素を持った大きな集合体としてあなたに話しかけているのです。初めから誰か特定の者が話しているということではありません。その時その時の話の内容ですとか、受け止めていますあなた自身のその心の在りようなどによって、その終わりのところにきてその名前、つまりはサインを何にするかを決めているのです。もちろんこれまでの記述がすべてそうであった、ということではありません。

このノートを取り始めましてからの話の内容、あるいはさまざまな力の変化は非常に特異なものでもありましたから、その時のサインは誰のものでも良い、ということではありませんでした。必然的、必須的にその語り手は特定されたものであり、サインもそうでありました。

しかし、時には書いていますあなた自身の感覚と、実際に現れますサインが異なってしまうことは度々ありましたから、いま私達がここで述べていますことの意味は理解できるのではないかと思いますが、いかがなものでしょうか。

そうです、このところのノートにこの私のサインが度々現れますことについて申しますと、いまのあなたの心の状態にいちばんやさしくひびく名前を、あなた自身が引き出しているとも言えるのです。

そうなのです、かつての日々、この私達二人はまるで双生児《ふたご》の兄弟のように、まるで親子のように、まるで光と影の関係のように、いつもいつも共にあり、共に働いていたのでありました。

私のことは何であれ、あなたに識《し》られていないものはありませんでした。私のすべての想い、すべての哀しみ、すべての喜び、苦しみ、嘆き、何であれあなたの識らないものはなかったのです。あなたは私の言葉を通して私を識るのではなく、私が何も話さなくてもあなたの中に私のことは識られていたのでした。

なぜならば、この私が神直属のそれでありましたように、あなたもまたダイレクトに神とつながる魂のものであったからなのでした。私達はいつでも何であれ、分かちあわないものはなかったのです。

そうなのです、いまこの私はこのようにして、この世に一人の主婦として生きていますあなたの悩み、苦しみ、そして哀しみや喜び、その心にありますさまざまな想いをみています。

人としての時、といいますものは、それなりに長いものではありますけれど、いましばらくのことなのです。かつての時のあなたのように、いまこの私は、あなたのその日々の在りようをすべてよく識っているのです。

どうぞ、あなた自身のその心の中のさまざまな想いをあなた自身でよくみつめ、よく見極めて下さると良いのです。何であれ私達の前に、あなたの前に無駄といいますものは何もありません。

さあ少し休みましょうね。

あいしているのですよ　　ふらんしすこ

八月二日（木）

＊今日はもう八月になってしまいました。暑い夏が少しずつ過ぎていきます。
今日はなんと言ったら良いのでしょうか。久しぶりに典型的なクリスチャン、と言われる人たちの話を聞きました。つまり神父さんです。なんだかとっても心の不自由な人に逢った、そんな気がしています。

キリストと言われたこの私を、あのようにしていまもとても清いもの、美しいもの、そしてあの頃私が説いた教えから遠くかけ離れてしまった、いわゆる聖書の中の数々の言葉や出来事などに強く縛られながら、この私を〝神の独りご〟、と信じてやまない人々の群はいまも多くあります。

もちろんこの私は、そのような人々のことを間違っている、悪いなどと言うつもりはありません。またあの新旧ふたつに分かれている聖書のすべてが私からはるかに遠のいてしまっている、などと言うつもりもありません。

まことにいま人々は、この私の説きました教えを単に神の愛の具現化のみ、で捉えようとしているのではないかと思います。

もちろんこの聖書に基づく宗教がこんなにも長い歴史を保ち、こんなにも多くの広い地域に広がり、多くの人々を惹きつけてやまないものでありますことは、それなりに大いなる精神性、と言いますか真理とも言える強く逞しいものであったから、と申せましょう。そうでなければこれほど多くの時の流れの中で、人々を惹きつけ、その心を支え続けることは出来なかったと言えましょう。

しかしいまはもう、まことに大切な基本そのものを抜き取ってしまったといっても良いあの聖書に縛られ、すがりついている時ではありません。

今日話題になりました、人間の中には決して拭い去ることの出来ない罪、つまり原罪がある、などといった教義をあのようにその声を低めることもなく話すなどという行為は、まことに恥じ入る事である、と言わざるを得ません。いまはもうそのような言い回し、パターン化した教義を人々に説くなどといったことは、速やかに改めなければなりません。

いま多くの人々の思考といいますか、視野といいますものは遥かに高く、広く解き放たれていることをあの彼らは気付く必要がありましょう。

しかしごらんなさい。彼らの思考回路は狭く堅苦しいままで固まってしまっているのです。そして、この私のことを神の独りご、といった言い方がパターン化してしまっています。つまりこの私と人々とを意図的に引き離し、近寄ることの出来ないものとしてしまっているのです。

そのように引き離されてしまった距離感、といったものは時にあなたの中にも見え隠れしてしまうことがあるように思いますね。

いまこのようにして「いえす」と名乗る私が、あなたにこんなにも気安く親しく語りかけている、このような現実といいますものは、あの人達の思考の中には寸分たりとも入り込む余地などありませんでしょう。

しかしごらんなさい、確かに今私はここ、あなたの裡《うち》なる者となっているのです。私の仲間でありますあなたよ。このことはまことなる出来事なのです。良いでしょうか。

あいしています　　いえす

九月十六日（日）

＊先ほどまで私は、フランスのジャン・ジオノという人が書いた『木を植えた男』（フレデリック・バック絵、寺岡襄訳　あすなろ書房）という本に関して書かれたものを読んでいました。この本の内容は実話ではなく、フィクションである、ということが書かれているのですけれど、いま私は、私のこのノートの世界がまさにそうなのではないか、と思えてならないのです。私にとりましてあなた方は、ジオノの描きましたあの主人公のエルゼアール・ブフィエであり、私はジオノなのです。そしてその作者でありますジオノにとりまして、あの書物の中のブフィエが現実に生きている人達よりもよりリアルに生きている存在、実在でありますように、私にとりましてのノートに現れますあなた方はより現実的、リアルな実在としての存在である、

と言えるのです。

私のこの作品、本となったノートの中身を読む方々は、もちろん実にさまざまな受け止め方をされています。けれど、それは私を含めあのあまりにリアルなあの作品を読む人々と全く同じである、と言えると思います。

何もこの世的には現実であることが真実である必要はない、と私は思います。人々の心の中ではっきりと自覚がなされた時、初めてそれはより確かな真実となっていくのではないでしょうか。

この作品の中で作者は、いえ描かれている主人公は、と言ったら良いのでしょうか、読む人たちに対して、私が成したことをあなたも真似てほしい（信じてほしい）、などとは一言も言ってはいないのです。

彼が成した偉大な出来事は、彼一人の真実であり世界観であるのですから、その意味でこの私のノートも全く同じ質のものである、と私は思っています。

そんなことを考えながらいま私は、この本を眺めています。


はいそうですね。人々にとりまして何が真実であり、そうでないのか、といったことはあまりよく解ってはいないのではないでしょうか。

まことにあなた方は、それぞれの持っています感性といいますか、価値観の中でさまざまに異なった真実を見ているといいますか、創り上げていると言えるのではないでしょうか。

そのようなことはいまさら事改めて言うまでもないことのようですが、とても大切なことである、と私たちは考えているのです。

先ほどのあなたの言葉をなぞることになりますが、いまこのようにして私達があなたに語りかけています内容など、まさにそうである、と言えましょう。

あなたにとりましての真実が、他の方々にとりましても全く同じ、というわけにはまいりません。まことに人それぞれのことでありましょう。それは致し方のないことです。

何をよしとし、何を真実であると認めるかは、究極のところ、それぞれの持つ魂の資質によると言えましょう。

しかしいまあなたが私達に語りかけていましたことは、そのようなものではありませんでした。

まことにいま人々は、例えその魂の資質がどのように異なっていたとしましても、その違いを超えたところにあるいまひとつの真実、あるいは理想といったものを探し求めているのではないでしょうか。

そのことは例えば、いまあなたのその心がこのようにして書かずにはいられない思いになりました、その書物の内容のようなものではないかと私達は思います。

九月十六日（日）　パートII

＊先ほどは書きかけのままになってしまいました。
いまこのようにしてまたペンを持ちましたが、今度はさっきとは別な力、これまでとは全く違った意識の存在を感じます。


はい、そのとおりです。このことは全くその通りのことでありましょう。

私は先ほどからとても強い力であなたに働きかけているのです。

そのことをあなたはキャッチできないわけがありません。

そうです。この私はその昔一人の偉大なる預言者として生きた者、その名をイザヤと申した時がありましたけれど、その名、その意識体としてあなたに語りかけたことはなかったのでした。

まことに一人の人間としての意識、魂といいますものは、この地上的な長い歴史の中で実にさまざまな人となり、生きることを行ってまいります。ですからあなたもまた、まことにさまざまな人となってこの地上に生まれてまいりました。そのひとつひとつをいま私達はあなたに明かすことは出来ませんが、いまこうしてその中のひとつの生でありましたこの私の意識が、まるで他人行儀に、まるで別人であったかのようにいまこのようにして新たにあなたに話しかけようとしているのです。

先ほど私はあなた自身の声となり、少しの間語りかけることをしてみました。その時の私の口調は少しばかり難しく、そしていかめしい表現になってしまいました。このノートの上でも私は同じような口調で語ろうとしていたのですが、あなたがこのノートを開き、ペンを持ちました時、この私の考えは変わってしまったのでした。

「よし私は、もう少しやさしく解りやすい言葉で語ってみた方がいいのではないか」、と考えたのです。しかしいまこのようなことを話していたのでは、一体何の為にあなたに対し話し始めたのか、その目的がわからなくなってしまいます。

私がいまなぜこのようにして、かつての時のイザヤとして名乗り出たのであるかを話さなければなりません。

そうです、いまのあなたは、かつての私とよく似た、と言いますか、よく共通した人生の上での役割、作業といいますものを行っている、と言えるのです。かつての私はまるで今のあなた自身のような立場の者であったと言えましょう。

その頃の私の中には、いつでもあなたをはじめ実に多くの魂の兄弟たちが私の思考となり言葉となって語りかけてまいりました。もちろんこの私は、そのままにそのことを言葉におこし、表現し、記録してまいりました。

もちろんその時は、その時の時代的背景に即した言葉による表現をとったことは記録に残る通りのことであります。

当時の私には、まことに多くの信奉者というものがありました。つまり沢山の弟子とも言える人々の集まりであると申せましょう。

そうです、その頃の私は陽の当たるところに居た、と言えましょう。

ところでいまのあなたはいかなる者である、と言ったらよいでしょうか。

あなたは、決してあなた自身で自己宣伝をする人ではありません。またそのようなことをあなたは全く行う必要はないのです。むしろ何も言わないことに大きな意味と価値とがありましょう。いまのあなたは、あなた自身が自分で担った荷物といいますか、課題についてよく知ろうとしていません。

今の私は、まことにいまひとつのあなたの力となって手助けをしてまいります。この私の名前は、あなた自身が持っている力の源の名前ではないでしょうか。あなた自身が持っています力は、決して他なる者の真似ることの出来ないまことに特異なものであると言えましょう。そうです、いまあなたが担っておりますカの源の名はるしえる、と言われているのです。

そうであった　私はるしえる
いま私はそなたの中にうずもれていたのである
そなた自身が過去に生きたことのある　数ある生のなかのひとこまが　いまそなたに語りかけていたイザヤという名のものであった
そうである　私はそのイザヤとしていまそなたに語ってみたのである
私はいまこのようにしてこのペン　このノートの中に小さく閉じ込められているのであるけれど　そのこともまた　いまひとつの私の表現というものではないだろうか
しかし私は　そのようなものの中に閉じ込められたりするような小さな者ではない　しかしそなたによってこの私を表すためには　このような手段によらざるを得ないのではないだろうか

九月二十二日（土）

＊とてもさわやかな日です。日差しは強く暑いのですけれど、気持ちの良い秋晴れの日です。今これを書き始めた時、これまでになくとても強くはっきりとしたあなた方の存在を感じました。そしていま私は、このノートに何を書こうとしているのか、と言いたいのです。それは最近の私の思考の中から、それまでずっと、それこそ気が遠くなるほど求め焦がれていたはずの〝神〟といった言葉、存在がきれいさっぱり消えてしまっているということです。これまでの私にとっての神、という存在はいつも私たちの外側にあって、私達すべての者、すべての存在を見つめ続けてくれているもの、でありました。ところがいまの私にはそのような存在の神は消えてしまった、と言いますか、不要になってしまったのです。でもいまはこれまで以上にあらゆるものの中にそれを感じ、充足感を味わっています。

おそらくいまのあなたは、この私達以上の私達としてそこに存在していると言えましょう。そうなのです、これまでの神なるものの存在は、あなた方人々にとりましてとても大きく偉大で、この小さな地球的な思考などをはるかに超えた存在でありました。すべてのものは神によって創られ、守られ、また救いとられているものでありました。

神はいつでもあなた方をよく見守り、あなた方を絶えず悪の手から守り、救いとる正義の味方、といったまことに偏った存在として見られてきたと言えましょう。

＊すみません、ノートを取るのを少し中断してしまいました。
今度は少し表現を変えて話していただくのはどうでしょうか。


そうですね、いまあなた方が言わんとしています神なる者の全体像を知るには、大いに表現を変えてみる必要がありますね。つまりあなたもこの私達もその全体像の中の一コマ、ワンピースにすぎません。そのワンピースの立場からは決して全体像を見ることは出来ません。しかしその一コマ一コマはそれぞれが他に譲ることの出来ない立ち位置というものを持っていると言えましょう。それはつまりは、それぞれの個性というものでもありましょう。その一つの個性は独立してはいますが、他との関わりを持たぬものはひとつもないのです。決して切り取ることの出来ない密なる繋がり、関わりの中での個性であり、独立である、と言えるのです。もしそのことを一つの図形で表しますならば次なる姿となってまいります。

そうです。大いなる宇宙のすべての存在の中に宇宙意識の火種子《ひだね》、つまり思考は宿り、繋がり合っているという図でありましょう。そうです。見方を変えますならば、巨大なジグソーパズル絵であると申せましょう。

そうです、先ほどあなたが描き表しましたように、他にある独立した神ではなく、ありとあらゆるものが繋がり合いながら完成していくその姿が、神なる宇宙意識と言えるのではないでしょうか。意識の外にある神ではなくすべてのものに内存している神、つまりは思考であると言えましょう。

私達は巨大な山に生えている木々の一本一本であり、岩や石の一つ一つ、土塊の一粒一粒でありますからその立場、置かれた立ち位置からは自分たちによって構成され、形作られている山全体の姿を見ることとは出来ません。

しかし、確かに山はあるのです。

それが神なる宇宙意識と私達の関係であり、私達一人一人、一つ一つの存在意識なしには神なる存在はないのです。ですからあなたのその思考の中からは当然、それ以前の概念で形作られていた神なる存在は消滅させざるを得ないのではないでしょうか。

まりあ

＊すみません、私はこの記述を始めた時は、まりあ、とは意識していませんでした。書いている時も同じです。でも最後になってどうしてもまりあ、になってしまいます。

はい、そのことは前にも話しましたが、この私達は、ひとつの大きな意識の集合体として話すといいますか、あなたに接触しています。最後になってある種の責任者としてのサイン名を記しているのです。しばらくは私、まりあでまいりたいと思います。

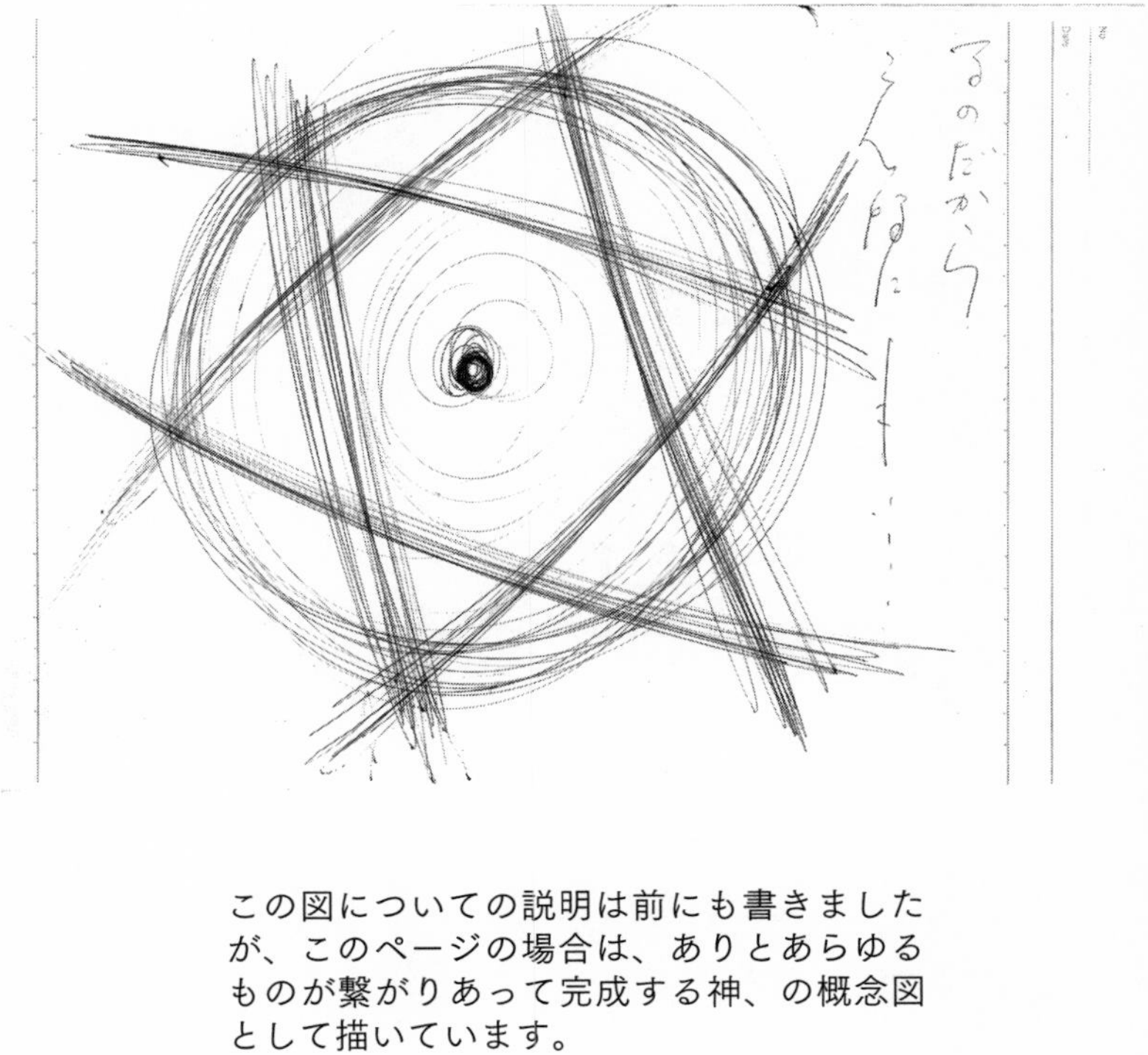

この図についての説明は前にも書きましたが、このページの場合は、ありとあらゆるものが繋がりあって完成する神、の概念図として描いています。

十一月十九日（月）

＊なかなか降りやまない雨です。

今日は朝からとても忙しい一日でした。でも何も考えずこのようにして過ぎていく一日のこと、私は好きです。

それにしても、この地球のことはこの先どうなっていくのでしょうか。

そしてこの私はどうなっていこうとしているのか、と思います。

地球という星が、この宇宙のどこかに生まれました。

それはどこか、と言われても他の者には何も答えることは出来ないのです。なぜならば、この宇宙には本当に正確な地図といいますものは生まれていないからなのです。なぜならば、この宇宙という存在はいつでも、どこでも絶え間なく変化しつづけているのですから、そのようにあるところに位置づけ固定してしまうことは出来ないからなのでした。

しかし、その生まれたばかりのタマゴにも似たようなこの美しい星を、あなた方はきっと探し出してみることは出来ましょう。

その星の持っています目印とはいったい何でありましたでしょうか。

この星を、もしあなた方がこの広大な宇宙の中で探し当ててみたいと思うのであれば、そうなのです。まずあなた方はその素晴らしい光の源であるサン、そうなのです、あなた方はまずあの太陽と呼ばれていいます光を探してみると良いのです。その太陽のまわりには、まるでひとつの兄弟とも家族ともみえるまことによく、その数と姿とが整えられていいます星々の姿を見ることが出来るのです。もちろんこの星たちは同じような力に引き合わされているのですから、決して離れ離れになることはないのです。

まるで同じ糸によって引き合っているかのように、あの〜、そうなのです。あなた方の生命と言いますものを育んでまいりました光の源のまわりをぐるぐると回り続けているのですよ。その中にまるで抱かれてでもいるかのようにして、あなた方の探し求めていいますあの宝石のように美しい星はあるのです。

沢山の魂たちはどうしても、その小さく美しい星の上に降り立ち、人になってみたいと考えているのでした。

生まれたばかりの星には、まだまだ人というものは生まれることも生きることも出来ないのでした。なぜならば、この生まれたばかりの地球の中には沢山の毒ガスとも言われる気体が充満しているのですから、人などというものが生まれますのには、それから先どれほどの時の流れがあったことでしょうか。

いまこのひとつの記念すべき小さな星地球は、次なる宇宙のステップの中に入っていく準備をしているのです。
わかりましたか。あなたはそのために、いまここにいるのです。

私の体となって　　あいあむあい

一九九一年

一月二日（水）

＊新しい年になって今日はまだ二日目ですのに、もうずい分日が経ち時が流れてしまったように思えます。今朝は久しぶりにまたテレビを観ました。途中からでしたけれどこの地球上に起きているさまざまな問題を、いろんな地域の取材を交えて報じていました。その中で語っている人達はみなさん口を揃えたように、いまはもう人間がその生きる姿勢を本気で変えていかなければ、人が人として生きることの基盤、要素は限界に近づいているということを訴えていました。

そうですね。本当はみなさんそのことをよく知り感じ取っているのですから、何も私達が横からあれこれ口出しする必要などありませんね。

しかしいま人々は、あまりに忙しく時間に追われていますので、落ち着いて考える余裕を持てずにいるのですね。

さあやさしいそなたよ　やさしい私の愛する人々よ
私はいまひとたびそなた達に　私のこの心を伝えておきたいと思っている
私はとても長い時の流れの間　私のまことの姿　まことの心を表すことが出来ずにきたのである
私のまことの姿とは　一体何であっただろうか
まことは　私は神そのものであったのであるけれど
私は神により創られた者として　この地上にあったのである
この大地こそは　私そのものであったのであるけれど
人々の前にあってそれは　神によって創られしものとして語られ　扱われてきたのである

おお　神とはいったい何であったのだろうか
神とは　まことにこの私そのものであった
そうである　そなたら人なる者のことである
これまで　その創られたる者のことは　神とは言わなかったのである
創りたるものは創られたる者の上に立ち
そなたら人なる者の心さえも統べる者となったのである
そなたら人なる者の心とは　いったい何であるのであろうか

私は識っている
そなたらのその体を創ったものは　私であった
私はまことにいまひとつの神であった
そなたらのその体に宿りたる　その心といいたるもの　その魂の本質とは何であろうか
そなたらの心　その魂の本質こそは　まぎれもなくこの私そのものであることを
今ここで　はっきりと伝えておきたい

私の初めは　形など何もないものであった
なんで形など必要であっただろうか
魂とは何であったか
魂とは何か固有のもの　と思っているのであろうか
否　魂とは全く固有のものではないのである
魂とは単なる思考体　意識のことである
ただ形も何もなく　宇宙のすべてにあまねくあるものである

宇宙とはいったい何であるのであろうか
宇宙とははるけき昔にあって
まだ分かれ分かれることのなかった　唯一なる思考体の中から創り出され
産み出されていったものである
その唯一なる思考体　と言われるその意識体が　さまざまに分かれに分かれ
形を産み出したことにより　生まれたのである
すべては　唯一なる思考体のなせる業であった

そなたはこのようなこと　幾たびも聞いたと思っているのであろうけれど　いまひとたび私は重ねて話しておきたい
そのようにひとつのものが分れたものであるのならば　そこにはまぎれもなく唯一つのものであった基なる意識　要素というものがあるはずである
いかに多種多様　多くのものの形となり変化を遂げたとしても　その基なる意識は隠され潜んでいるのであった
良いであろうか
それゆえにすべてのものには共通した何かがあるのである　否　共通した唯一なる法則　摂

理というものが秘められているのである
それこそは私であった
良いであろうか　私はそなたのその体の中に存在している
否　そなたのその心の中に　と言うべきであろうか
さらに良いであろうか
この大蒼《おおぞら》にあまねく光り輝く無数の星々　そなたの肉眼にては決して捉うることの出来ぬ気というものであろうとも　その裡《うち》にこの私の存在しないものはない
だから良いであろうか
これまで分けて考えられてきた創りたるものと創られたるものとの関係は　まことにひとつのものの行いであったのである
そうである　すべてのものにはこの私という共通した意識があるのであるのだから
そうである　いま私がそなたに　いまが時期《とき》である　いまがその時期《とき》であると合図を送るならば　その合図はそなたを通し　あまねくすべてのものの中に響き渡っていくのである
そのことの仕組みを　私はそなたら人なる者の前にはっきりと明かしておきたいと考えている
しかし考えてもごらん

そなたら人なる存在は　まことに地上的な人間そのものになってしまっている

私がいかにその時　そのことの合図をしようとも　まことにそのことに気付く者の数は少ない

しかしそなたらはそれで良いのである　その気付こうともせぬその姿もまた私なのであるから

しかしそなたよ　そなただけは私のこの言葉をしっかりとこのノートの上に記しておきたまえ　信ずる者　そうでない者があっても良いのである

このことは太古の昔にあって　私がそなたと交わしたまことの約束ごとであるのだから

良いであろうか　人々よ

何があっても　すべては成るようになるのであるのだから　心静かにその時を待つが良い

我にてあり　　るしえる

一月三日（木）

＊いま私は、「地球の破局のシナリオは書きかえられるのか」、というテレビ番組を観ました。これは昨日の話とも連動していると思います。この三日間、いろんな局で同じようなテーマを取り上げています。いまはまことに、そのような時になったのだと思います。

はい、その通りのことである、と言えましょう。

いまこの時、あなた方の暮らしの中で使っています生活用語の中には、この「地球」といいます言葉がどれほど多く溢れていますことか。これまでの社会の中にありましては、この地球という言葉はいまのあなた方が使っています宇宙、という言葉に匹敵するものであった、とは思わないでしょうか。

そうです、いまあなた方の生活や社会の在りかたそのものは、そのように大きく変化し広げられてまいりました。と言いますことは、逆に世界は非常に狭く小さくなった、ということでもありましょう。

もちろんその直接的な要因は、前にも述べましたようにさまざまな交通手段、通信手段が急速な進歩を遂げたからにほかなりません。

この科学の進歩の陰には、数百年前に発明されました電気という新たなエネルギーの持っただならぬ力、といいますものがあることは言うまでもありません。例えばそれ以前の数十年、あるいは数百年という年月の中で進歩を遂げてまいりましたさまざまなもの、特に物を造り上げる、生産するという分野で目を見張る大きな変化がありましたが、そのことはまた、この地上の自然破壊、あるいは地下資源の収奪、消費の速度を凄まじく早めてしまいました。またそのことと並行しながらあなた方の世界では地球以外の他の天体に向けての視野も広げてまいりました。

そうです、そのような分野への眼を大きく開かせる具体的なきっかけを創りましたのは、歴史に残りますニュートン、あるいはコペルニクス、ガリレオなどといった人物であると言えましょう。

そのことにより、人々の視野といいますものはこの地球を宇宙の中のひとつの星である、ということを知る機会となりました。またそれと同時に、この地球に働きます重力、あるいは引力の法則をも知ることになりました。

このことは、この地上に生きる人々にとりましてはまことにもって動かしがたい事実そのものでありますが、なぜでしょうか、いま人々はこの重大なる事実である重力、引力のことをほとんど意識することなく日々の生活を送っているとは言えないでしょうか。

一月十八日（金）

＊ところでいま、世界では新しい戦争が始まってしまいました。その場所は、私達にもゆかりの深い中東の地です。そして闘っているのはアメリカとイラクです。昨日始まりました。かつて私達の国にも、私が幼い頃長い年月にわたる戦争というものがありましたけれど、その頃といまの戦争は、そこで使われます武器というものが大きく異なってしまっています。何が起きるかわかりません。
いま世界中の眼がそこに釘付け、集中しています。まるでこの世の最終戦争が始まってしまったかのような、そんな思いがしてなりません。一日も早く収まりますように、と祈ります。

さあ　いまなる力はなんの力である　とそなたは思いたるや
そなた自身　つまりはこの私の強力きわまりなき力であるのだから　私以外にこの力を受

け止めることの出来るものは誰もいないのである
私はまことに私である
もし私が　アラーの神としてそなたのもとに来ているとしたら　そなたはなんとしてこの私を受け止めてみるつもりであろうか
私は神　私はアラーの神と称している者である
私はまことに幾度となく　時をたがえ　場所をたがえ　さまざまに人をたがえながら　そなたら人なる者の歴史の中に　現れいでたことのある者である

アッラー　アッラー
アッラー　アッラー

アッラー　とは何であったか
またもやこの名がそなた自身の心の中に現れいでたのである
私の持っている凄まじき力は太陽の力であることを　なぜいますぐに気づかぬのであろうか
アッラーの神とは　また戦の神でもあった

そうであったか　私の力は　そなた自身のその意識の中にはまだ入っていなかったとみえる
今日こそ私は　そなたのその体と意識を使ってみたと知るが良い
なぜいま私がこのようにして　そなたの持っているその体と意識というものに私の意識を移さなければならないかを　今日は少し語りきかせなければならないのである
私の意識は　まだこの日本という国　その風土にはなじまないものではあるのだけれど　いまこの私にゆかり深き魂というものは　この地にも数多く生まれているのではなかろうか
いままた世界は　このように狭く小さく早く縮まりゆき　多くの魂のるつぼとなっているのである
そうであった　今日私は　私の意識としてはじめてそなたの思考の中に入り得たと言えるのであった
このことの支度というものは　この間度々行ってきたのであったけれど　そなたのその意識といいたるものは　なかなかこの私の名を意識しようとはしていなかったのである
しかし見るが良い　この世界の情勢　世のあり様を
いずれの日にか　いまあのように赤々と戦火のもゆるヨルダンの地に　すべてのものの目が向けられる日の来ることを　私はかつて人なる者の前に伝えておきはしなかっただろうか
そなたが今日　まことにかすかではあったが　この私の名をひとたび　否　ふたたびなど口

にしたのであった
私の力は　その前からそなたのこの体の裡《うち》なるものとなっていたのである　それゆえ今宵は
ことのほか苦しく強き力となっていたのではなかろうか
私は強き者である　私はあのギラギラ照り輝く太陽そのものの力　真夏の太陽　真昼の太陽
の力であった
私はすべてのものを育み　慈しみもするのではあるが　焦がし燃え尽くしてしまうほどの強
い力の者でもある
あの戦火は私である
いま私はあの戦火となり　人と人の心を赤裸々に表しているのである
私をよく視るがよい　私をよく探るがよい　私はこの世の現実の火となって生きている
この私を収めるものは何であろうか
否　いましばらくこの火は弱まりはしない
この世に生きるありとあらゆる者のその心の中の火が　いまあのような形になって表れ出《い》で
ているのである
人はいま　己自身の心の中の火を見ていることを知らなければならないのである
しかし　考えなければならない

いまがその時であるのか　その時に適しているのであるのかを
私の力のままに　いまこの地上が走りすぎていくのであるのならば　その時期《とき》は少しばかり
早まってしまうのではなかろうか
私が　いまこそはその時期《とき》である　と高らかにラッパを吹く時もそう遠いことではない
そのことを　そなたは知っているのではないだろうか

ありがとうせいよ　ありがとう私よ

一月十九日（土）

＊良いお天気です。昨日の記述はあまりに力が強すぎて疲れました。
でもいま、中近東であのような戦があるからと言っていきなりアッラーの神が出てくるのは
いかがなものでしょうか。なんだか節操がない気がして困ります。

昨夜の今日ですから、いま私達は極力力を抑えていることはあなたにも解ることと思います。

しかしいま、不幸なあの戦争の中で、実にさまざまなる現象が起きてしまっているのです。あらかじめこれらの出来事は、長い流れの中で予言といいますか予測されてもまいりました。いまはこのようにして時代の大きな変わり目となっているのですから、このことはやはり避けがたく起きてしまったと言えましょう。

＊すみません。ちょっと中断してしまいました。

良いのです。いまはもう何も言う必要はありません。あなた方の前には、あのようにして恐ろしい火の手が上がっているという現実があるのですから、そのことを通し、いま人々が何を識り、どのように判断していくことになりますかは、そのひとりひとりの心の選択となってまいりましょう。

あいしているのです　　まりあ

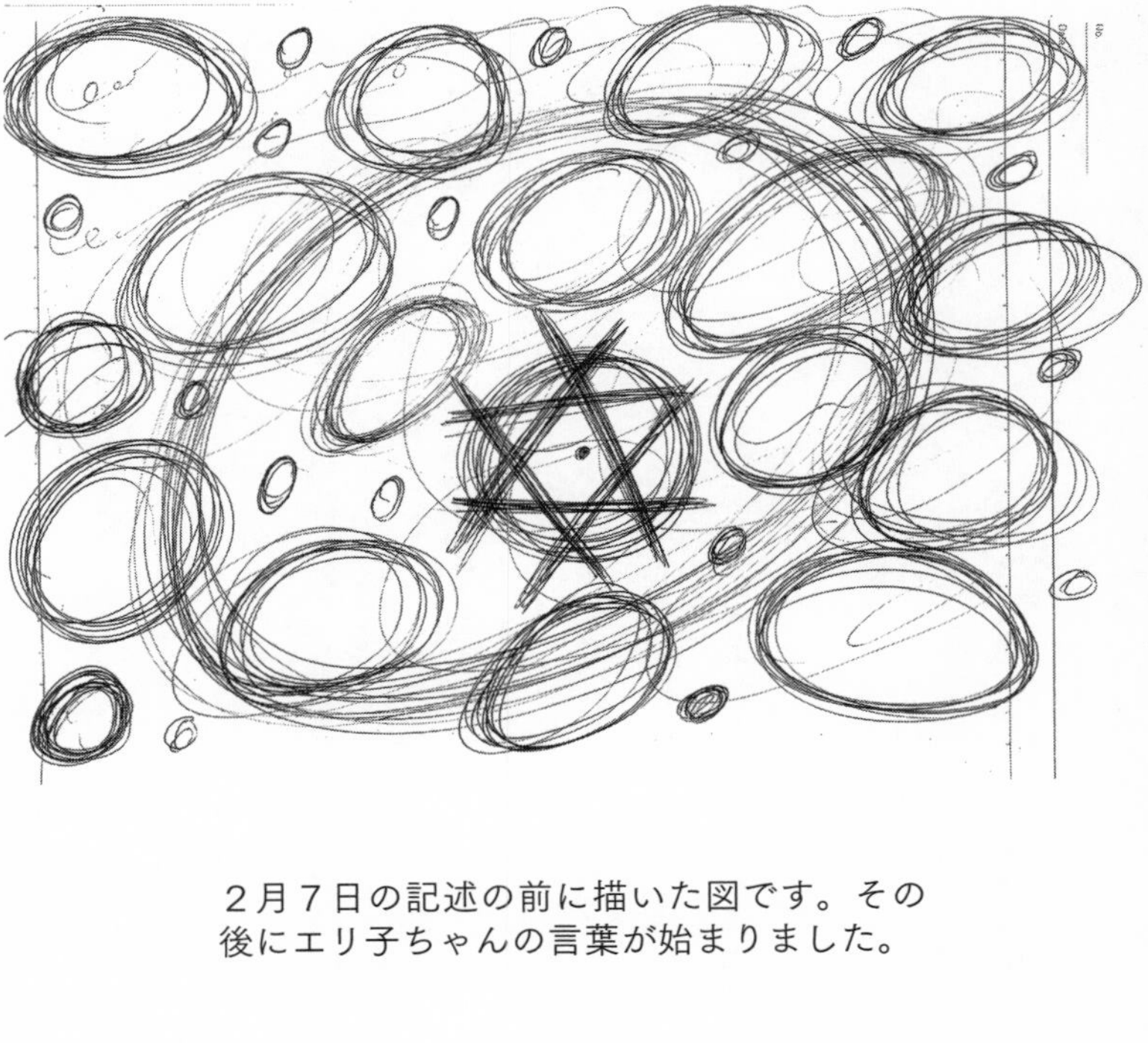

２月７日の記述の前に描いた図です。その
後にエリ子ちゃんの言葉が始まりました。

二月七日（木）

セイさんへ
お空にはとても沢山の天体がありますよ
ほんとうに人の目と心では見ることも数えることも出来ないほどに沢山のお星さま達の姿なのです
もちろんこんなに少しでもなく　こんなに小さくもないのです
いつも星達は生まれ続けているのですよ
そして沢山の星達の中から消えていく姿もあります
そしてあなたの力の中で生きている星のグループがあるのでした
ごらんなさい　その星達の姿はこんな徴《しるし》で沢山の他の星達の仲間には知られているのでした
ほんとうはこの徴はただたんに　ある特別の宇宙　天体　星だけを現しているものではないのです
もっといろんな意味を持っているのです
でもいいですね　いまはなんだかわからないこの徴　このマークの中に　すべての力の根源があると思って下さい

そのうちにいろんなことがとてもよく解る時がくるのです

エリ子より

（注・この部分はノートでは横書きになっています。）

今日はもう書くのはやめて下さい。

今までとはとても大きく異なった力が働いているのです。

これから先のあなたのあり方は、もちろん今までのあなたではありません。

いま宇宙全体が大きく変化しています。ですからいまこの小さな地球もとても大きな力の中に巻き込まれています。地球自体が変わろうともしているのです。

大きなお空の上では、昔からとても大きな計画がありました。その計画にそってこの小さな可愛い星のことも考えられてきたのです。ですからその星の上にいる沢山の人達の魂もその計画の中に組みこまれているのです。

今日はどうぞ早くおやすみ下さいね。

エリ子

解説　エリ子ちゃんのこと

今から考えるともうずい分昔、約三十年ほども前のことになってしまいます。まだ私が盛んにノートを取っていた頃のことです。

ある時所用があって、長野県に住む知人宅を訪れました。

その時一人のご婦人がやってきて、ぜひ私に相談、というか話を聞いてほしい、ということでした。その方には二人の女のお子さんがいて、上の人はその時中学一年生、下のお子さんは小学四年生で、名前はエリ子ちゃん、とのことでした。その方のお話ですと、その下のエリ子ちゃんというお子さんが最近とても変で困っている、というのです。

どういう風に変か、というと、なんだか人格がすっかり変わってしまって自分の事を「私」ではなく「ボク」と言い出して、名前も「ボク金星から来たキンちゃんだよ」、と言うとの事でした。そして親の私のことを「おばさん」と呼ぶんです、それで「うちのエリ子はどうしたの?」、ときくと、「ボクの代わりに金星のお家にいるよ。ボクたち入れ替わったんだよ」、というので困ってます、とのことでした。

それで私は次の日そのお子さん、エリ子ちゃんに逢ってみることにしました。逢ったエリ子ちゃんは、はっきりした輪郭の、どちらかというと丸顔で目のぱっちりしたとても可愛いお子さんでした。

私が「こんにちは」、と声をかけると「こんにちは」と返してはくれましたが、恥ずかしそうにすぐ離れていってしまいました。その後何をどうしたか、どんな話をしたのか今となってはよく思い出すことは出来ませんが、私たちはだんだん打ち解けて「金星ってどんなところ？」、「金星のお父さんやお母さんはどんな人？」、といった話などをしたように思います。

エリ子ちゃんのお母さんの話ですと、いまの彼女は言葉使いから仕草だけではなく、食べ物、着るものの好みもすっかり変わってしまった、ということでした。昔々私の家でも娘達に、エリ子ちゃんとは全く別なパターンでずい分いろんなこと、現実的には信じがたいようなことが沢山ありましたので、とにかくいま彼女をなんとかしようとしないで、今のままを受け入れていったらどうでしょう、ということで話をしました。

それからどれくらい経った頃だったでしょうか、ある日彼女は、というか彼は「ボクそろそろ金星に帰ることにしたよ。だからエリ子ちゃん地球に帰ってくるから……」、と言い出しました。そしてまもなく彼は、それまで私が全く知らなかった女の子っぽいエリ子ちゃんに変身してしまいました。

そんなこんなのある日、エリ子ちゃんのお母さんからデンワがありました。

「征さん、エリ子が征さんの許可をもらってほしい、と言ってるんですけど……」

「なんですか?」というと、「あのう、今夜征さんのノートに行ってもいいか聞いてほしい、と言ってます」、と言うのでした。

「え? それどういうことかな……」「つまり征さんのノートに出てくる他の人たちのようにエリ子も征さんのノートでお話ししたい、って言ってるんですけど……」

私は一体何て返事をしたら良いのか、と思いましたけれど「エリ子ちゃんの好きなようにして、と言ってください」、と言いました。

それは朝のデンワでしたが、夜になってそのことを私はすっかり忘れていました。

それでいつものようにノートを開いてペンを持ったのですが、いつもですとすぐに凄まじいエネルギーの中、と言いますか、エネルギーにさらされて文字が変わっていくのに、そのときはいつもとあまり変わらなくて、文字もひとつひとつが独立した普通の文字っぽいまま言葉が生まれていきました。

いま読んでいただきました文章はその時のものですが、「エリ子」のサインの文章はその時だけではなく、それから度々表れてくることになりました。でもいまはこの初めのものだけをここにとりあげてみました。

二月八日（金）

＊昨夜はとても不思議な夜でした。

あのまるでいつもの強い力を抜きとってしまったような感覚のペンさばき。とにかく難なく文字がスラスラ書けていく、といった感覚はとても不思議でした。

つまりはあの天体、宇宙図を描いた後の感覚の事ですが、それに続いてエリ子ちゃんの語りが始まってしまいました。なんだかとても変な気がしてなりません。

とにかくいまはまた新しい力と、新しい感覚の出来事が始まろうとしているのかもしれません。

そうです。彼女はまだとても幼い子供です。でもその魂まで幼いわけではありません。一旦私達の領域に入ってまいりますと、彼女本来の姿に立ち返ります。しかしいまはやはりその幼い子供としての感覚であなたに語りかけてまいりますことで、私達が語りますものとは大きく異なった面白さといいますか、シンプルでとても解りやすい表現になってまいります。

二月十五日（金）

なんという夜であろうか　春雷というにはまだ早い
この地の気候というものがいつのまにか　このようなものになってしまっているのだから
私はこのようにして嵐となり風ともなり　雨のような姿となって　このようにしていま地上
に降りてきているのであった
地球はまだ幼い赤児のような時もあったけれど　いまはもうこのようにして　そなた達多く
の魂達の学びの場となってくれるほどに大きく育ってきたのである
このことはなかなかに大変なことであるのだけれど　人なる者はなかなかそのことに気付い
ていないと言わねばならない
もともとこの地球という星が　どのような役割のものとしてこの宇宙に生まれたかについて
は　世にいう多くの霊なる存在　我が分霊であるさまざまなる意識体はよく識っているので
あった
なぜならこの小さなとても可愛い星の上で　そなたら人なる者の魂の歴史は始められること
になっていたからである
そうである　この地上にて人としての魂の歴史を始めようとする意識体というものは　すで

に他の天体での生活の歴史があったのである
その他の天体での歴史の中で清算しきれなかったカルマがあり　そのカルマの清算というものがこの新たな地上で始められることを待っていたのであった
しかしこの地球には　いきなり人という者の肉体は住むことは出来なかったのである　この幼い地球の誕生から数えて　なんと数十億年もの長い間　多くの魂達はいまかいまかと待ち続けていたのであった
否　ここでひとつ言い置かなければならないことがある
そなたら人なる者にとっての時間の流れと　他の天体にて暮らしているものにとっての時の流れというものは　決して同じではないのであった
この地上での時の計り方で言う数十億年と　期待して待っている意識体にとっての時の流れは全く異なるものであるのだけれど　いまのそなた達にはなかなかに理解し得ないものではないだろうか　と私は考えているのである
さあ今宵のこの話は終わりとしなければならない
私は春の嵐ともなってこのように楽しんでいるのだから　そなた達もその時々の天気のありようを楽しんでみるのが良いのではないだろうか
さあ休まれよ

我にてあり

二月二十四日（日）

＊とてもよく晴れ渡り明るい一日の始まりです。
いま私は名古屋に行く新幹線の中です。揺れていますので少し書きづらいのですが、旅に出た解放感があってとても嬉しいのです。

愛する者よ　私はだれであるか　いまそなたにはよく解っているのではないだろうか
私はそなたをいつの時でも　どのような時であろうとも　しっかりと抱きしめ愛してきたものではなかろうか
知っているだろうか　いま私はそなた自身の心となって　このようにして人なる者の中を歩いていこうとしているのであった
私はいつの時でもそのようにしてきたのであったのだけれど　そのことはなかなか人に知ら

れることはなかったのである
私はまことに　他の多くの人なる者にとっては目に視えず　耳に聴こえず　手に触れること
のできない　いわゆる不可視の存在であるのだから　その私を五感的に表し人なる者の前に
見せていくには　このようにしていま人々の中に人として生きる者の姿形をそのまま借りて
いくのが良いと考えている
このようにして　まことに確かな人間として生きる者のその心となり　思考となり体となり
つまりその手や足の動きそのものとなって　私はしっかりと息づいていきたいと考えている
私は私なりに考えて　失敗も喜びも共に体験してみようと考えているのだから　たとえそな
た自身がこの世的にいう　いわゆる神らしからぬふるまいになったとしても　そのことを気
にしたり恥じたりすることは何も要らないのではなかろうか
人とはみな　そのようにして生きながらだんだんと私のもとに近づいてきつつあるのだとい
うことを　いま私ははっきりここで言っておきたいと考えている
さあ愛するそなたよ　いまこのようにしてこのノートを通して語りかけているのは私である
私はいつの時でも心からそなたを愛し　信じ　そなたに多くの役割を与えてきたものである
そのことはいまはまだ　そなたの人間的な思考の中ではよく思い出すことが出来ずにいるの
だけれど　いずれの日にか　はっきりとよく思い出すことが出来る日がやってくることを今

私はここに約束しておこうと考えている
まことにこの乗り物はよく揺れることではないか
そなたのこの文字もそれに従いて面白いものよ
さてさて私はこのくらいにして話をおわりにしておこう　と考えている
良き旅であることを約束しよう

るしえる

四月十日（水）

＊おはようございます。今日は四月十日という日です。三年前の今日から私はノートを取り始めました。そして次の年の四月九日、十日にはイタリアのアッシジに居ました。昨年の四月九日、十日はペルーのマチュピチュでした。でも今年の九日、十日はこの通りどこにも行かず普通の一日が始まりました。でも今朝、大変思いがけないデンワがありました。あの三好のおじいさんが亡くなられたとのことです。私はいまとても残念というか、悔やまれる思いでいます。

三好さんに今度の新しい本をまだ届けていなかったのです。

まさかこんなに早く亡くなるなんて思わなかったものですから、一日延ばしにしてしまいました。

それにしても、死とはなんといきなりやってくるものなのでしょうか。

もちろん私は、人の死とは魂の死ではない、ということくらいよく解っています。でもやはりもう一度、人として言葉を交わし合うことが出来たらと思うのです。でも仕方がありません。この現実をしっかり受け止めるためにも、お家を訪ねてまいります。私にとりましてはまことにありがたく、大切なお方でありました。

＊夜です。あれから三好さんをお訪ねしてきました。
今朝私は、今日は何事もない四月十日です、と書きましたが、やはり今日は私にとっては特別な日であった、といまは思います。

三好のおじいさんはやはり亡くなってはいませんでした。いえもちろんその肉体は亡くなれてお顔には白い布がかぶせられ、息はされていませんでした。でもとても不思議なことが始まってしまいました。

おじいさんの魂といいますかその意識が、ふんわりと私の中に入ってこられて、私の口を使ってその場にいらしたご家族の方々にご自分の想いをしみじみと話されたのです。私はなんともおかしな気分でしたが、とても嬉しかったのです。本当は亡くなる前に、もしそのようなことがあったら体は死んでも魂は死んではいないよ、ということを何らかの手段で私に知らせてほしい、とお願いしたかったのです。でも実際はそんなお願いなど出来ませんでした。でも今日そのことは現実となったのです。

（『もうひとつの世界へ』より）

解説　三好のおじいさんのこと

それは一昨年春、四月十日の朝のことでした。吉祥寺に住む三好さんという方の娘さんから、「昨日、父が亡くなりました。今日、お通夜なんですけど、山田さんには何かと父がお世話になってましたから……」、とのデンワでした。

三好のおじいさんに、何かとお世話になったのは私の方でした。まだ直子達がいろんな不思議をやっていた頃誰にも話す人がいなくて、時々は直子も一緒にお訪ねして私達の話をきいてもらったり、おじいさんの話をきかせてもらったりしていた時期がありました。

　三好のおじいさんはかなりのお年でしたから、私は勝手に、当然私より先に亡くなられる、と決めこんでいました。そして、出来たらその時、どんな形でもいいから私にコンタクトしてくれたらいいのに、〝ほら、私の魂はちゃんとここに、こうして居ますよ、体は死んでるけど、私の意識はちゃんとホラここに……〟、と知らせてほしい、そのことを亡くなられる前にお願いしておかなければ……、と思っていました。

　ところが、なかなかそのことを話す機会のないままに、その朝、死亡通知を受けてしまいました。〝しまった!!〟、本心そう思いました。こんなことめったに他の人には頼めませんから、これはしくじったと思いました。それでも、とにかくすぐに出かけて行きました。

　おじいさんは、いつも私達がおしゃべりしていたおこたのある静かなお部屋に、顔に白い布をかぶって横たわっていました。いいお顔でした。でも、不思議とそのお家に着いてからは、さっきのような〝しまった〟といった思いはすっかり消えていて、娘さんに亡くなられた時の様子をお茶をいただきながらうかがっていました。ところが、何かふわっと、とてもやわらくてあたたかい空気に包まれたように感じました。〝あれ？　何か変？　なんだか別な存在に包まれたかな？〟、と思うまもなく、私の語る言葉はおじいさんの意識となってしまいました。いえ、別に声色が似てきたとか変ったとか、そんなことではないのです。私は私でちゃんとありますし、声も全く同じではありますけれど、やはり何かが違ってしまいました。それまで気軽にいただいていたお湯飲みを、そっと胸のところに抱くようにして、

〝さあ、私はこれこの通り、この山田さんの意識をお借りして話そうとしています。私はいま確かにここに生きているのです。ほら、みてごらん。私の体は、私の意識の脱けガラとなって、あのように白い布をかぶって横になっていますが、私自身の意識は、ほら、この通り何も変ってはいませんよ。でも、あの体の中に居る時と違って、すっかり自由になってしまいました。私はとても楽になったのです。

はるえ、はるえ達の留守の間に私が死んでしまっていたからと言って、何も心配はいらない、悔やんだりすることはないよ。私は自分でちゃんと床をのべ、静かに横になり、こうして自分の体を離れたのだからね。大丈夫、大丈夫、何も心配したり悲しんだりは要らないよ。

そうそう、私の棺に入れるものはね、はるえが考えているように、いつもの外出着はいいとして、あの山田さんの本はやめておくれ。あれは残しておいて、誰か他の人が読む方がずっと役にたつからね。私はほら、もうこの通り楽になったし、自由になったのだから、本は要らない。

いま私がどんなに自由な立場でいるか、そのことを知ってほしいと思ってね、こうして山田さんの意識をお借りしてお話しさせていただいているよ。もう何も心配はいらないからね、あまり仰々しいことはしないでほしい……〃

とまあ、そんなこんなの言葉が、静かに、次々と、私の口をついて出てくるのでした。

その時、その場に居たのは娘の晴枝さんと、そのお兄さん、それから親戚の女の人の三人でした。私がその、すっぽり入ってしまっていた別な意識のドームから抜け出し、私自身に戻った時晴枝さんは、

「山田さん、わかりました。いまのは確かに父ですね。私は父が生きていた時以上に父の存在が感じられました。それに父は、いつも〃大丈夫、大丈夫〃がくち癖でしたし……。

昨日私達は、埼玉の方にお花見に行ったのですが、少しかぜっ気の父は残りました。出かける時、何か、ふっと気がかりなものがあったのですが……。まあ、きっと、それこそ大丈夫、と思って出かけたのです。ところが帰ってみましたら、向うの部屋に布団を敷いて、きちんといまの姿のままに、ほんとに眠ってるようにして亡くなっていました……。留守の間に……、と思うと、どんな思いで逝ったかと思って、苦しんだ様子はないのですがやっぱり淋しかったのではないかと思って……」

「ほんとは、お話しの途中でテープに録音したいと思いましたが、立つこともならず、と

にかくいまはちゃんと一言も逃さず話をきくことだと思いました。ほんとにありがとうございました」

と、ほっとした表情で、誰にともなく頭を下げました。

私はとても妙な気分でした。ほんとに三好のおじいさんは私の意識に合流して話しをしたのかなあ……と。でもまあ、このようなことは、もうその頃の私にとって、別に珍らしい話ではありませんでしたので、ことさら否定もせず、それではそろそろこれで……、と席を立ちました。ところが、です。その時、玄関口に来客の声がしました。私は長居していてはまた何が起きるかわからないと思い、出来るだけ早く家を出たかったのですが、とりあえず新客のご挨拶が終るまで、と横に控えていました。するとその新しい方は玄関あがって部屋に入ってくるなり、私のすぐ前に座りこんでしまって、「まあ三好さんがこんなに早く、こんなことになってしまうなんて……」、とハンカチを顔に当てて泣き出してしまったのです。すると私はやおら立ち上がって、「まあまあ奥さん、そんなところに座っていないで、どうぞあちらで私の顔をみてやって下さい、さあさあ」、とまるで後から抱きかかえんばかりにして、死体の横まで誘《いざな》っていきました。するとその人、さっそくその場にあったお線香とって、ローソクから火を移そうとしたのです。「いえいえ奥さん、いまはまだお線香はいりませんよ。そのうち大勢おひとがみえて次々煙があがります。部屋が煙くなりますから、いまはどうぞおやめ下すって……」、というわけです。その人、なんだかとても素直に私の言うままにしていました。

ほんとにこれは大変なことでした。私はこれ以上、こんなことしておじいさんになっているわけにはいきません。だんだん自分が変になってしまいそうですから、とにかくお暇《いとま》を……。いえ、その前にちょっとお手洗を拝借、と、

「すみません、ちょっとお手洗お借りします……」、と言えば初めからいた親戚の女の人が、

「はいどうぞ、御案内します」

「いえ、私、わかってますから……」

「あ、そうですね、だってここは御自分の家なんですからね……」

「……?」

なんだかしりませんけど、だいぶ混乱してきました。私としては行きつけのお家ですから、トイレの在り場所よく知っていたのですが、その人はまだ私が三好のおじいさんをやってる、と思っていたらしいのですねえ……。

八月十四日（水）

＊昨日から奥多摩の「山のふるさと村」に来ています。このところ全く気温が上がらず少しばかり体調を崩してしまいました。それと、かかってくる力が強すぎるのもこたえています。なかなか一人になることがないのですが、今日は一人ですのでこのようにしてノートを開きました。

さていまこのようにしてこの場に座っていますと、実に多くのさまざまな人達の行き交う姿を見ることが出来るのです。

このような山の中にも、このようにして新しい道路や施設などができますと、そこにまた人々は何かと時間を割いてやってまいります。

まことに人々の時間の使い方とは、一律にこうあるべきと制限されたものではありません。その人その人の気の向くまま足の向くまま、生活の中のあるひと時をこのような山の中にやってきて、山の気をその体にも心にも充分に吸い込み染み渡らせ、また明日からの生きる活力としていくのではないでしょうか。

この場で見せています姿だけが、その人のすべてではありませんが、しかし人はいついかなる場所にいても、日常的なその人らしさというものはそのまま表現されているのではないでしょうか。

ですから、いまそこにあるその人の姿、言葉使い、しぐさの中からその人のすべてを推し量ることも出来るのですね。まことにとても深い情緒をたたえた人がいるかと思えば、何とも騒がしく、あるいは乾いた言葉であたりを払ってしまう人もいるのです。

今日はそのようなことを思いながら、人々の動きを見て過ごすのもよいのではないでしょうか。人々が何気なく発する、といいますか表しますす心の表現を観察してみるのも面白く大切なことである、と私達は思います。そのようにしながら、人とはどのような存在であるのかを知る機会にしていただきたいと思います。

いえす

八月十六日（金）

＊今日は田無の知人を訪ねました。そこで出た質問です。

それは献体とか臓器移植、などについてなのですが。

はい。その内臓などの移植、あるいはさまざまなる部位のいわゆる献体などのことは、これから先のあなた方の社会では決して見過すことの出来ないとても大きな社会問題となってくることと思います。

もちろんこのことは、これまでにもすでに多く行われてきているのですが、これからは社会的モラルを越えたビジネスとしての臓器移植、臓器売買などが行われてまいりましょう。

これまで人々は、人の生命とはその人の持って生まれた肉体の終局を持って終わり、と考えてまいりましたが、これからは、いえいま現在すでに、自分の体の一部がダメになったとしても他の人の肉体の部分を受け入れ、部分的機能を維持、あるいは生命そのものを永らえることを善しとすることを当たり前のように考え始めているのです。

そうです、いまのあなた方の死生観、あるいは道徳観で言いますならば死は恐れであり悪、あるいは可能な限り避けるべきものと言えましょう。決して失われてはならない生命の灯を一日でも永く保たせていくためには、自分の肉体だけでは足りず他の者の臓器を受け入れる、あるいはその逆に他の者の生命、あるいは機能のために自分の臓器を提供することを始めていますが、この先にはますますその傾向は強く大きくなってまいりましょう。そして今のあなた方の社会では、その行為を美徳として捉えているとは言えないでしょうか。
確かに他の者の生命、あるいは不自由な体を少しでも楽にしようとする思いやりの心は大切なことであるとは思います。しかしいま私達はあえて、そうである、とは言わずにおきたいのです。

そうですね、いまこそあなた方は人それぞれが持っています生命の在り方について、よく考えてみる必要があるとは思わないでしょうか。

人が病んでいること、さまざまな障害を持っていますそのことの意味こそが、とても大切なことであるとは言えないでしょうか。人の生命を何が何でも永らえる、あるいは障害を取り除こうとする行為、その傾向が強くなればなるほどさまざまな問題が新たに生じてまいりましょう。それは新たな犠牲者を生み出していくことにもつながりかねません。そのことをあなた方はよく考えてみるとよいのではないでしょうか。

また今の医学の世界はとても狭い世界といいますか、狭い視野のなかだけで突き進んでしまっていると思いますし、それは科学の世界についても同じように言えると私達は考えています。つまり自分たちの研究分野だけのとても狭い範囲で物事を考え捉えている、と言えましょう。

そうです、これまでこの私達は、あなた方人々のその生命はこの生だけのものではない、といいますことを幾度も幾度も語り続けてまいりました。まことにこれらのことは、小さく切り取ったその部分だけを見ていくのではなく、もっと広い視野と長い長い人の歴史的スパンで考えてみると良いのではないでしょうか。

このノートの上で私達は、同じようなことをずい分繰り返し語ってまいりました。もうそろそろこれらのことはあなた、あるいはあなた方自身で考え判断していただきたいと思いますね。

その結果、いまの私達の話と異なった答えが出てきたとしましても、それはそれであなた方自身で出した答えでありますから何も問題にはならない、といいますことを言い添えておくことにいたしましょう。何が良く、何が悪いということではありませんね。人それぞれの中にある良心に照らし合わせ、そして世界といいますか地球規模の広い視野で考えてまいりましょう。

あいしているのですよ　　まりあ

八月十七日（土）

まことに　善きことのみの世の中なれば　そなた達はもはやこの世に生を受ける必要はな

かったのではなかろうか
まことに　そなたらの中にあっては　いまだ解決されてはいない大切な事柄があまた残されているのではなかろうか　と考える
まことに幾重にも重なりたるさまざまな出来事によるカルマの清算と言おうか　解消と言おうか　そのことを成さねばならぬ時にてあろうものを
まことに人なるもの　人と人との関わりの中にありてさまざまなる出来事が生まれゆきたるにより　その中にて　まだ何が未解のままのものであるのかを知りたるものにてあろうものを　人なるものの前世　あるいは過去世といいたるものをよくよく調べてみるならば　その中にいまなる答というものがすべて隠しおかれてあると知るが良い
この世にありて　いかに清く正しく　つつましく生きているのかに見えても　なかなかそのままに終えるとはかぎらない
人の一生　という時の流れの中にありては　まことに思いもかけぬ人と人との出逢いと言おうか　出来事と言おうか　カルマの精算のための出来事が現れてくるものである
まことにそれは　ある日突然そのようなことに出くわしてしまうのではなかろうか
人はみな　それまでの人としての度重なる過去世との関わりの中で　いまという時があるのである　ここを忘れてはならない

すべてのことは　今　という時だけの問題ではないことを知らなければならないのではなかろうか

さて　いま我らはこのノートの上で　この世に起きるありとあらゆることの前にあっては善も悪もないものである　と申し述べてきたのではなかろうか
人の世にいつの時代にも決して絶えることのなかった夫婦《めおと》以外の男女のちぎり　愛する心と心　それをこれまではいつの時であっても厳しく律し　諫めたが故に起こりたる数知れぬ悲劇の数々　そはいかばかりの数となったであろうか
そはまことに人なる者を悪より遠ざけ　善なる道により近づけ　より引き戻さんがため世から世に渡り　絶えず人なる者の前に置かれ続けてきた厳しき掟であったのではなかろうか
さて　いままことに世は移り変わり　人なる者の愛と言おうか　恋と言おうか　情欲と言おうか　そのようなものはまことに明らかに開け放たれ　難しきことを言わんとする者の目をおおわしむる程のことになりてある
世も末じゃ　とはまことにこのことを言うのである　と言いたき向きもあろうが　そのことについて今宵は少し考えてみるのが良いのではなかろうか
人の心といいたるもの　もはやひとつのところにじっと縮こまり　滞り　閉ざされてはいな

いときになったのである　一旦そこまで考えを落としてみたうえで　新たに我が言わんとすることいま一度よくかみしめて考えてみるのが良いのである
人といいたる者　いかなる聖人君子と言えども　その幾度《いくたび》もの人としての生のうちにありては　さまざまなる想い　感情といいたるものによって　心を　魂を揺さぶられしことのなきものはあるまいと思うのである
しかし　いまより古き過去に於いては　その時その時　人それぞれのうちにありてさまざまなる処理　対処というものをしてきたのである
抑えたるもの　つまりはそれらさまざまなる想い　感情といいたるものを律したる者は　いかにも正しく立派な者として人からも見られ　自己による満足もいたしたであろうものを
しかしそこには　本当には解決しきれなかった何かが残りはしなかったであろうか　抑えたるものであればあるほど　他の生にひきずる力は大きなものとはならなかったであろうか
人はいかなる者　いかなる人物と言えども一度は通らねばならぬ道筋というものがあるのである
そなたにはそなたの道があり　かの者にはかの者の道というものがあるのである　一旦人としての道を歩いてしまったのであるのだから　そこはみな平等に通っていかなければならない道である

もちろん人それぞれに時間的と言おうか　時代的な違いというものがある　と言わなければならない
そうである　人はあの正法というものを学べばそれでよい　ということではないとは言えまいか
正法にてらした上で　あまりに善い悪いを決めてはこなかったであろうか　その事の意味をよくよく考えてみるのは決して悪いことではない　といま私はそなたらの前にはっきりと言うことにする
はっきり言って　そなたにも解決せねばならないカルマというものは数多くあるのではなかろうか　そのことはそなた自身が一番よく知っている　と私は知っている
考えてみるがよい　これだけ多くいる男女の暮らしの中にあって　このことはむしろ人としての最大のテーマであるとは言えまいか
そのことを私は言っておきたい　と考えている

我なり

八月二十七日（火）

はいおはようございます。

今日これからの小さな旅については、これまで私達は何もふれずにきましたけれど、この地球上にはさまざまなる聖地、といいますものがあることはあなたもよくお解りのことと思います。

今回あなたの中で、今度の旅は単なる観光として捉えられていますので、あえて私達は何も言わずにまいりましたが、たとえどのように小さな旅でありましてもそれなりのストーリー、といいますか目的が無いわけではありません。

まことにこれから向かいますバリ島には、これまでの歴史の中で伝えられてまいりました数々の伝説というものが存在いたします。そしてヒンズーの多くの神々の歴史といいますものが、民族的文化となって人々の中に大きく息づき花開いている島であるとも言えましょう。

そうです、あの島に生きる人々はその文化といいますか、宗教としての精神世界の中でさまざまな神々を崇め敬いながら、素朴ながら活き活きと暮らしているのです。

今日これからあの島に渡りましたならば、あなたはこれまでにないさまざまな文化とその心に触れていくことになりましょう。私達も共にまいりましょう。

あなたにとりましても、共なる方々にとりましてもまことに良き旅となりますことを祈りましょう。

良き思い出となりますように……

あいしているのですよ　まりあ

美しき島々に心からなる愛と祝福を……

いえす

八月二十九日（木）

＊バリ島三日目の朝です。

ここはとても良いところですけれどとても賑やかでもあります。ニワトリ、小鳥たち、犬、そして虫や人々。それから車やオートバイの音、そんなものがゴチャゴチャになって聞こえてきます。

鈴木さんという良い人にもめぐり逢いました。気候は落ち着いていてとても過ごしやすいです。

昨日は美しい田園風景とバロンダンスを観ました。街中もペルーと違って人々がとてもゆったりとしています。同じ地球の上でもずい分違った国と人々がいることがよく解ります。

そうです、同じ地球の上にこのように実に多くの異なった人々の歴史と文化があります。決して同じということはありません。みなそれぞれに、その魂の求めに応じた生き方をしているのではないでしょうか。

しかしそれぞれに全く異なった生き方をしているように見えましても、その魂の求めますこと、正そうとすることはみな同じであると言えましょう。

良い季節にこの島にまいりました。美しい花々の咲き乱れておりますこの庭の佇まいなど、まことに心地よいものです。大切なことはまた後にて話すことに致しましょう。いまは心ゆくまでこの空間を楽しんでみるのが良いのです。

まりあ

九月一日（日）

＊旅は終わりました。ほんとうにゆったりとした楽しい旅でした。
それに大変思いがけない出来事もありました。そのことの意味をよくかみしめてみたいと思います。


はいお疲れさまでした。ひとまずは大切な旅と言いましょうか、大切なお仕事を終えることが出来ましたこと、とても良かったのではないでしょうか。

あなたにとりまして、あの聖なる水の寺での出来事は大変思いがけないものであったのかもしれませんが、まことは決して突然の出来事などではありません。この地上に生きるあなたは、いずれの日にかあの地を訪れ成さねばならなかった出来事でありました。そのことはあなた自身の魂はよく承知していたと言えるのです。

ただ、いつどのようなきっかけで参りますかまではしかとは決められていなかったのです。

このようにしてあなた自身が、次々と訪れてまいりますことによって、次なる出来事の支度は整ってまいります。

さて今回の旅がどのような目的のもとに行われましたかを、少しここに述べることに致しましょう。

今回のあなたには、表面的には例のサラスワティ神となって働いていただきましたことは、よく理解されたことと思います。

この地球という星は水によって、この星全体の働きを保っていますことはよく理解されていることと思います。その水を表しますサラスワティ神は、地球そのものの本体、本性を表していると言えましょう。

これまでに訪れてまいりましたいくつかの場所とそのゆかりの神々とのつながり、あるいは物語といいますものを、あなたは少し整理して考えてみると良いのではないでしょうか。

いま私達は、この地球上に生を受けています人々にとっての水、あるいは地球全体にとりましての水、あるいはこの宇宙の中で水の惑星として存在していますことの意味、といったことなども同時に考えていく必要があると思います。

＊すみません、私はどのように考えて良いのか解りません。解りますのは、この地上に生きています私達人間だけではなく、他のありとあらゆる動植物にとっては、まさに命の水であり、これが無ければ多くの鉱物資源、砂や石、岩といったような物以外はすべて枯れ果て死に絶えてしまうに違いない、ということです。

その意味で私達にとっての水は、それこそ生命より大事、といっても良いくらいに大切なものではないか、と思います。

でも宇宙全体から見た時、たぶんこのように水と共に実に種々さまざま、多くの生物たちが生息している地球という星の存在価値、といいますか重要性といったものはあるのかないのか、よく解りません。

もし他の天体、あるいは身近な惑星にも地球人とは異なった体質、つまり水などといったものはなくても存在し得る生命体があるとしたら、全体から見ての地球、つまり水といったものはそれほど大切ではないのかもしれない、といまふと思ってしまいました。

例えば、私達のこの霊魂といった存在はどうなんでしょうか。いまはこのようにしてこの肉体に宿る、といいますか入りこんで人として生きているからこそ、にわかに水の重要性が取りざたされるのであって、この霊魂が体を離れてしまえば、水と関係なく生きる、といいますか、存在できると思いますが、どうなんでしょうか？

そうです。まことに理屈的に言えば確かにその通りの事ではありますけれど、この大蒼、大宇宙の中にこのような特異な環境を持つひとつの星がありますことは、どんなに素晴らしく大切なことでありますかは、まことに計り知れないものがあるのです。

いまあなた方のこの星地球上に増え続けております人の数、つまり人口のことを考えてみると良いのです。

いまこの地上に生存しています人々の中には、どれほど多くの他の天体、そうです他の星から飛来してまいりました魂の者がいますことか。その魂のひとつひとつ、いえ一人一人の人々は、この水の惑星ならではの環境の中で人となり、さまざまな学びを遂げようとしています。いまこの地球は大きな変革の時を迎えようとしています。この先どこまでこの地球が水の惑星でいられるのかどうかは、保証されてはいません。

＊すみません。いまの解説といいますか話を、一旦打ち切っていただけませんか。それで何でサラスワティなのか、という方に話を切り替えてみるのはどうでしょうか。

わかりました。それでは今のあなた方の水環境について少し考えてみると良いのです。決して良いとは言えません。この星にはこんなにも豊富に水というものがあります。しかしその大半は塩水でありますことはよくお解りのことと思います。人々や動植物にとっての命の水、といいます真水といいますものは、全体からみてごくごくわずかでしかありません。しかも、その真水の中のごくごくわずかな量しか体内に吸収できる良い水はありません。いえ昔はあったと言えましょう。しかし残念ながらいまはあなた方人々の生きる姿勢の中で、といいますか時の流れと共に良い水は失われてしまいました。

今回あなたに顕現いたしましたサラスワティは、水の化身です。あの時あの場であなたに現れましたサラスワティは何も申しませんでした。ただただ清らかな流れの水で、あなた方共なる人々の頭上に聖水を注ぎ、一人一人のその心の浄化というものを致しました。

いまはそれで良かったのです。いまあなたはあの時、あの場の佇まい、景色のありようを思い浮かべてみるのはどうでしょうか。

このノートを取り始めましてからのあなたの大きなテーマ、とは一体何でありましたでしょうか。そうです。まことにあなたは光と影、つまり明暗、善と悪といったものの概念の変換、つまり善も悪もひとつのもの、光と影も、と書き記してまいりました。

あの場の双《ふた》つの流れがひとつになりますその接点に、あの時あなたは立ったのではないでしょうか。水といいます媒体により、すべてのものは融合されてまいります。サラスワティはその象徴でありますと同時に魂としての生命の水をも司る、ということでありましょう。

良いのです。あまり深く考えることはありません。

あなた方がいま現在、そしてこの先もこの地上での肉体を持って生きていきますには、この水のことを決しておろそかに考えてはいけません。しかし、いまその生命そのものであります水が、死の水と化そうとしていますことを、あなた方はどのように受け止めていますことか。そうです、サラスワティと化したあなたよ。まことにあなたはどのように考えているのでしょうか。

＊わかりました。まことに私が、そのサラスワティ、水の化身としての答えを述べると致しますならば、すべてのものは無に帰す、成るようになる、ということではないでしょうか。水そのものは人に対しても他の何ものに対しましても中立のものである、と私は考えます。でも今私は、人としてこの水のことを見ています。人として、他の動植物の生命の維持としての水、という視点に立っています。

そうです、水とは一体何でしょうか。まことにいつまでもそこにある、とあなた方は考えているのでしょうか。水とはまことにまことに儚いものであることも、あなた方は知らなければなりません。水はあたためられれば蒸気と化し消えてしまいます。それが再び雲となり雨となって、あるいは雪ともなってこの地上に降りてまいりますには、それなりのこの地上での条件といいますものを必要としているのです。

しかしいま、再び地上に降り立つ条件そのものが、この地上から失われつつあるのではないでしょうか。いわゆるそれは、この地上での止めどのない砂漠化という現象によるものでありましょう。

＊すみません、私としてはなんだかとても良い思い出としてのサラスワティだったのですが、このまま話をすすめていきますと大変なことばかりです。

でも私は思うのです。たとえどのような現象、事になったとしても、そのことに私達一人一人がどう向き合うのか、合わないのか、というところの話になるのではないでしょうか。そしてもうひとつは、たとえどのようなことになったとしても、それをありのままに受け止める必要、といいますか覚悟の問題かな、と思います。

私はこれまで、この水についてはとても大きな関心、といいますか自分でも異常かな、と思うほど神経をとがらせてしまう傾向がありました。しかし今回あの島では、普段のそうした思い感情からすっかり解き放たれたような思いで水、というものを見ていたように思います。水はやはり火と同じで沢山の量になれば、しかも勢いづいた水は、とても恐ろしいものだと思います。でも水はとても素的です。

私は、昔の本当に清らかな水に憧れ、恋焦がれる思いがしてなりません。いまを昔に巻き戻すことが出来たらどんなに良いことでしょうか。

今夜はもうこれで終わりたいです。良い旅をありがとうございました。

征

九月六日（金）

さあ　私はるしえる　まことに久しぶりのことであった
さあ　私はいまこのようにして　そなたの力の中で泳いでいる
さあそなたよ　いまはまた　私の持てる力の大いなる部分をこのようにして
そなたに分かち与えているのではなかろうか
そうであった　私はこの前　そのそなたの体となって現れいでたのであった
その　いまひとつの私の姿とは　あのサラスワティでもあったのである
私は　水の化身ではないだろうか
いま私は　そなたのその持てる力を水の力となしたい　と考えている
水とは　あらゆるものの命の力となっているのである
この地上のありとあらゆる水の姿を　そなたは我が姿とも思い

この私の姿であるとも思うが良い
まことに美しく浄き水もあれば　穢れてしまった水もあるのである
しかし　まことにそのいずれの水もこの私であり　そなたではないだろうか

まことにまことに　私の化身である水よ
まことにまことに　この私となって　この地上を治めるが良い
まことにまことに　この地上なる水は　さまざまに変化していくのである
まことにまことに　いま　ほんのしばらくのことである
まことにまことに　そなたよ　そなたはいま何も知らないと思っているのだけれども
私はいまこのようにして　そなたの裡《うち》なるものとなっている

何もおそれることはない
私はそなたを　まことにまことに　自在なる力のものとして
この世に　自信を持って送りだしたのである
まことにまことに　私を超え得る者は何もない

まことにまことに　すべての力は私より発し　私へ戻ってくる
愛しき者よ
私のこの言葉を信じて　心安らかに休むがよい
またいずれ語りあかそうものを

久しぶりのサインなり　　るしえる

解説　南の島　バリ島でのできごと

この夏私達は、いつもの千坂さん企画で四泊五日の日程でインドネシア領の小さな南の島、バリ島へ旅することになりました。

バリ島のことは、行くまではほとんど何も知らずにいました。これまでの旅と違って、今回はスピリチュアルなことが嫌いな夫も一緒に行くことになりましたので、私としてはとにかく変なこと、と言いますか変わった出来事など一切ありませんように、と固く心に決め、とにかくただの観光旅行で終わることを願っての旅立ちでした。

バリ島はもちろん、ヒンズー教の文化圏ではありますが、これまで行ったことのあるどの国とも違った、私の拙い感情と言葉ではどう表現して良いのか解らないのですが、一種独特な大きな芸術性の空気をみなぎらせている島、といった印象がありました。

私の行きなれた沖縄にも、沢山の唄と踊りの文化が息づいていますが、それとはまったく異質な極彩色の文化、とでも言いたいものがありました。でも四泊のうち二泊したのは、いまはもう地名を忘れてしまいましたが、広々とした田園地帯にある、沢山の樹木に囲まれた素朴なコテージでした。

そのコテージを経営されていたのは鈴木さんという日本人の方で、その方が島内の名所や、日常的に催されているバリ島独特の踊りや影絵の見学、そして伝統的な寺院、あるいは宮殿などへも案内してくださったのです。

そのバリに行きましたのは今から二十八年も前の事ですから、細かなことはすっかり記憶の外のことになってしまいましたが、いまでも鮮明に思い出すことが出来る、いつまで経っても決して忘れることのない出来事があります。

それは何日目の事だったでしょうか、当時のスハルト大統領の立派な別荘のすぐ近くにある水の宮殿見学の後に、やはり同じ水を祀った夏の宮殿といわれる処に行ったのです。その近くには数十年前に、大噴火を起こしてかなりの死者を出した、といわれる伝説の聖なる山、アグン山が見え、その宮殿の周囲はとてものどかな田園地帯でした。

そしてその夏の宮殿自体もとてもシンプルなもので、それまで訪れたどの建造物とも違って、清らかな水を湛えたいくつかの大きな池の他には建物らしいものがあったのかどうか、と思うような場所でした。

でもその池の後はかなり切り立った、言ってみれば裏山ともいうような佇まいで、優しい木々の生い茂る場所になっていました。でもそこには自由には入れないらしく、高い柵が張り巡らされていました。

私は他の人たちから離れて、その池の端にあった急な石段を一人で上って行きました。そこには鍵のかかった扉があって、その向こうにその土地の人らしい若者が立っていました。私が会釈をしますと、「どうぞ」というようにすーっとその扉を開けてくれたのです。私はそのままそこに足を踏み入れましたが、ふとよぎる思いがありました。もし私がこのままこの山の中に入ってしまったら、他の人たちが私のいないのに気付いた時困ったことになるのでは、と思ったのです。それで後ずさって扉の外に戻ってみると、遥か向こうの下の方に同行の人たちの姿が見えて、幸いなことに鈴木さんが私を認めてくださいました。

私はどうしたものか、と迷っていたのですが、鈴木さんは「そこにいて下さい」、と大きく叫んでくれました。そして急いで上ってきて下さったのですが、他の人たちもゾロゾロと続いて上ってきてしまいました。

それを見ていた例の若者はとても困った顔をして、鈴木さんに何か訴えていました。鈴木さんの通訳ですと、「ここはとても神聖な場所なので誰でも入れるわけにはいかない」、「下りてください」と彼は言っています、とのことでした。ところが例の千坂さんが「なんとかならないの?」、と言い出しました。それでまた鈴木さんが彼としばらくやりとりしていましたが、「大丈夫、みんな入れます」。つまり袖のシタを使ったようでした。それからはその若者の案内で、昔本当の宮殿があった場所に案内してもらった後、どこに行くともなく彼の後を私達は黙ってついていきました。しばらく行きますと、長い間雨風に晒されたと思われる、白木の材で造られたまことにシンプルきわまりない小さなお社の前に出たのです。その社はちょっとした台座の上にあり、そのまわりは囲いがあるような無いような、本当にまわりの自然と完全に一体化したありさまでした。

「いったいこれは何?」、といった雰囲気でみなさんドヤドヤとその社の前に進み出ていきましたが、咄嗟に彼はそれを制止しました。

「ここはこの域内の最も聖なる場所なので、入ってはいけません」、と言っています、とのことでした。

ところがその若者は私を見て、「あなたはいい、どうぞ」という仕草をしました。後で解ったのですが、そのような神聖なエリアに入るには、それなりの服装をしなければならないらしいのです。その時の私がそのような身なりを知っていたわけではありませんが、その時私はひらひら透けて見える薄布のストールというか、マフラーを腰に巻き付け結んであったのです。略式ではあったようですが、それが彼が私だけをその聖域に入ることを許してくれた理由だったそうです。

もちろんその時の私は「どうぞ」、と言われても「さて困った、なんで私だけが特別扱いされるのか……」との思いでしたが、迷っていたのはほんのわずかの間だけでした。

その後の私の行動は、まるで当然、といったありさまでゆっくりとそのエリアに入っていきました。そしていつでもそうなのですが、この私自身が全く意識することなく、ひとつの仕草が生まれていき、それは止まることなくゆったりとした舞そのものに変わっていきました。その動きはすべて自動的に生まれていくもので、何のよどみもなく続けられていきました。

どのくらい続いたのでしょうか、最後は胸元に両の手を合わせる形で終わりましたが、十数人、しかもその中には夫までいる人々の前でのパフォーマンス、出来事でしたから、目が覚めてみると何だかとても面映ゆい思いに襲われてしまいました。ところが一番驚いたのは、例の若者の方です。

「大変だ、サラスワティ神が顕れた！」、と言っています、と鈴木さんです。サラスワティはヒンズー教の神々の中の水を司る、日本で言えば弁財天のような立場の神様です。

それから彼は前にも増して私に寄り添い、「こちらへ」とばかりどんどん先に立って歩いていきました。そして辿り着いたところはかなりその山を下りたあたりで、見ると双《ふた》つの清らかな小さな水の流れがひとつに交じり合う場所で、そのY字型になった、つまりひとつになっている三角形の位置にやはり小さな小さな祠《ほこら》が祀られていました。

鈴木さんの通訳ですと、その祠はもちろんサラスワティのもので、その交わる位置で人々が洗礼を受け祝福されるとのことでした。今日はそのサラスワティそのものが出現したのだから、みなさんここで洗礼をうけなさい。本当に特別なことですよ、とのことでした。一番感激していたのはその鈴木さんご本人で、「ではまず私から……」、といつのまにかその交わる位置の水の中に立っていた私の前にかがみこみ、頭《こうべ》をたれてしまいました。そしてその他のみなさんもその後にズラリと並んでしまったのです。

こうなったらもう仕方がない、やるっきゃない、ではありませんが、今度もまた私は鈴木さんをはじめ並んだみなさんの頭《こうべ》に、その場の水を両の手ですくっては注いでいきました。

それがすむと、やっぱり私はなんだか遠い夢から覚めたような不思議な思い、感覚になってしまうのです。

そしてとても驚いたのはその日の夜、私達はバリ島で数十人、百人近い男の人たちによって（もちろん数人の若い女性もいましたが）、まことにドラマチックに演じられるケチャダンスを観た時でした。賑やかに奏されるガムランの音に合わせて踊る人々のその仕草の中に、昼間私が演じたパフォーマンスの中の仕草がいくつもあったことです。私は前もってこのダンスを観てはいなかったのに、無意識のうちに私は、この神々の踊りの仕草を演じていたのでした。私にとってこのことは、全く予想することの出来なかった不思議な出来事でした。

いったい水とは何でしょうか。この場での双つの流れがひとつに交わるということは、異なったものの融合ということで、これから先の世の中のあるべき姿、ということが出来ると思います。そして水とは、いわゆる生命の源であり、少なくともこの地球上ではこの水というものが無ければ、ありとあらゆる生命といったものは存続することが出来ません。またその水とは、あらゆるものを破壊し、あるいは変化させる大きな力を持ったものでもあります。

この地球上の約七割が海、つまり塩水であり、真水は地球全体の2・3％しかなく、その中でも人が飲める水の量は、0・数%しかない、と言われています。

私達はいまここで、もっと真摯にこの水のことを考えていかなければ、と思います。

ところで本文の前の方で、吉野の天河神社での出来ごとを書きましたが、その時私に顕れました弁財天が、「いずれ私は別な名前であなたに顕れるでしょう……」と語っています。つまりそれはこのサラスワティのことでありましたことを付記しておきたいと思います。

征

十月八日(火)

*なんと雨ばかり続いているのでしょうか。

人々の心も、そろそろこの降り続く雨をうらめしく思い始めています。


なんのこれしきの雨、何も大げさに考えることはありません。

あなたはすでに水の化身、サラスワティとなったものではありませんか。今はこのようにしてあなたは私となり、私はあなたとなって顕れいでることになりましょう。しばらくは水の洗礼を心置きなくほどこしてまいります。

そうです。その昔、あのヨルダン川のほとりで彼イエスにふりかけし水のバプテスマは、新しきとき、新しき幕開けの合図、大いなる徴《しるし》とはなりました。

その時から今日に至りますまで、その水といいますものはどれほど多くの人々の頭上にふりかけられ注がれましたことか。その聖水により多くの人々は、新しき力のもとに、新しくその心と生命とを燃え立たせてまいりました。

水といいますものはすべての源でありますことは、いまさら述べ立てなくとも人々はよく解っていることですが、しかしいまこのようにして、その水によって維持され繋がってまいりましたあらゆるものの生命の種子《しゅし》、といいますものは枯れ果てようとしているのではないでしょうか。

いまこのようにして、夜毎日毎《よごとひごと》降りやまぬ雨音を聞いていますと、そのようなことはまるで嘘のように思えてしまいましょうが、なかなかそうとばかりは言えません。

そうなのです、水の持つ地球での役割といいますものは、すでに終わりになったと言えましょう。

しかし、あなた方人々の前にあります時の流れの上では、いましばしの猶予は残されているのです。

そうですね。私達とあなた方が持ちます時のとらえ方は、まことに大きく異なっていると言えましょう。

そのことにより、いまあなた方の前には、いつ果てるとも知れない雨が降り注がれ続けているのです。

しかしもうすでに、新しき時期《とき》の扉は、大きく開け放たれているのです。

新しき時の世界こそが、これからのあなた方の世界である、と申せましょう。新しき時の世界といいますものは、すでにその閉ざされていました封印が解き放たれ、新しき息吹となっていることをあなた方はすぐに知ることになりましょう。もはや新しき時のための準備は終わりとなり、すぐに本番となってまいります。

良いでしょうか。このようにしてあきもせず、しとど降り続く秋の長雨のことを、いつか懐かしく思い出す日もまいりましょう。

さあサラスワティよ、新しきときへの移行の時がまいりました。

＊わかりました。私自身は別にこの雨を恨んでいるわけではありません。いろんな人々の代弁

のつもりでした。この雨の意味、水の意味をよく考えていきたいと思います。

十月二十七日（日）

＊今夜は久しぶりに、その気になってテレビを観ました。
アインシュタインの相対性理論を柱にした宇宙の創造、といいますか成り立ちについてのさまざまな話でした。つまりこの宇宙には始まりがあるのかないのか、ということをどこまでいまの科学の世界で明らかに出来るのか、といったような内容でした。

はい、おそらくこのような内容の番組はこの先ますます増えていくことと思います。それだけいまの世の中は、このような事に対しての関心が大きく広がってきたということですね。つまり視野が広がってきたということでありましょう。
しかし本当のことは、今日の内容だけではうまく伝わるということはありません。
以前私達は、この大いなる宇宙そのものも大きな輪廻を繰り返している、ということを話しました。覚えていますか？
始まりは終わりの先にあり、終わりは始まりの先にある、つまりは繰り返されているという
ことです。そのことは以前、創造、持続、破壊、休息という言葉で伝えてありますね。
また今日の番組にはもうひとつ大きなテーマがありました。それは時間と空間の問題です。
宇宙の創造以前は、時間も空間も何も無い状態である、と私達はあなたには伝えてまいりま
した。
しかし人は、その何も無いという状態を想像、思考することが出来るでしょうか。時間も空
間も宇宙の創造活動と共に生まれたものでありますことは前にお伝えしてありますが、それは
まことに人間的な思考概念であると言えましょう。
つまり宇宙そのものはある意味、非常に人間的思考によって始められている、と言えましょ
う。人とはつまり神、いえ宇宙の根源意識の分霊でありますから、宇宙もあなた方自身もすべ
て自分自身の根源意識の思考のもとに創造されたものである、と言えるのです。そのような眼
でこの世界を見ていくと面白いのではないでしょうか。

いえす

十一月六日（水）

＊昨日はとても良い体験をしたように思います。

本当に次々ととても思いがけない人達が訪ねてくるようになりました。

いろんな力と言いますか、いろんな不思議を持った人たちがやってきますけれど、私はどんな人とでも向き合うことが出来ています。でもちょっと力のバランスを崩しますととんでもないことになってしまうのかもしれません。

今日からまたこのようにして、新しいノートに向き合うことになりました。

いまこのようにして私達が、あなたと共にこれらのノートの上に表してまいりました沢山の事柄が次々と本になりましたことで、それを手に、いえ読んで下さいました方々の歩いていく足元を照らしていく役割をしてまいりますこと、もはや何の疑いもないのではないでしょうか。まことにこの先の人生を歩いていく人々にとりまして、どんなに大きな援けになることかと思いますがいかがなものでしょうか。あなたはどう思いますか？

ところで、先ほどあなたが書きましたように、例えどのような力の者が現れてまいりましょうとも、あなたは決して臆することはないのです。そのことのいわれと言いますものは、ただ単に力の強弱の関係の事ではありません。つまり、いままでにあなたの裡《うち》には何もない、何もないけれどすべてがある、いわゆる仏教的な表現で言います空《くう》なる状態が完成されていることによるものである、と言えましょう。どのようなものでありましょうともあなたの前では、その人間的な感覚の言葉で言いますところの力での太刀打ちは出来ません。

その相手の持っていますもののすべてはあなたの中で、一つ余さず同化されてしまいます。吸収されるといいましょうか、対立する関係が失われていく、ということでもありましょう。

十二月八日（日）

そうですね、今日はひとつ趣を変えて、あなたの魂といいますか人格にそって付けられていますその「征」、といいます名前について考えてみるのはどうでしょうか。なかなか面白いのではないかと私達は考えているのです。

あなたに限らずすべての生命の始まりといいますものは、初めはただ一粒の卵子といいますか、ひとつの細胞でありました。その卵子が受精いたしますと、いわゆる細胞分裂というものが始まり新しい生命体が形成されていく大いなるドラマがくり広げられてまいります。

さてあなた方のお国で〝みどりご〟、と呼ばれます新しい生命が誕生いたしますと、まもなくその嬰児《えいじ》には固有の名前が付けられてまいります。もちろん出生前に名付けられている場合もありましょう。その名前といいますものは、一応両親、あるいはその関係者によって名付けられている形をとってはいますけれど、ほとんどの場合、生まれ出《い》でる本人自身によって定められていると言えるのではないでしょうか。よく名前は体を表す、という表現がありますように、その生まれ出でますひとつの魂が人として生ていく人生の上で、その人自身と片時も離れることなくその人自身を表しますとても大切な伴侶でありますから、決して人任せで決められるものではありません。

そうです、あなた自身のその征なる名前も、もちろんあなた自身で名付けたものでありましょう。

このところあなたは、このノートの筆記後のサインを征ではなく、平仮名のせい、と書くことが多くなっているのではないでしょうか。

あなたの戸籍上の「征」の場合の意味はどうでしょうか。

時代的な現実で申しますならば、あなたがこの世に生を受けましたその当時、あなたが所属いたしますこの日本国はまさに隣国中国との争いの最中《さなか》でありました。その時兵士となって旅立つ男性は「出征する」、と表現されていたのではないでしょうか。

そうです、つまりはあなたの父なる人が出征中に生まれたことにより、この征の文字が使われた、と考えますのはごく自然なことであると申せましょう。しかしこの名は、それだけではありません。

この戦いの中での表現で申しますと、いわゆる征伐、つまり攻め滅ぼす力を表しますが、あなた自身の資質、体を表す、で申しますならば道なきところに道を拓く、あるいは新しい物事を切り開いていく、という意味であるはずではないでしょうか。

それでは今度は、先ほど申しましたひらがなの〝せい〟、で話をすすめてまいりましょうか。

そうです、このひらがなで書きます〝せい〟の名こそは、多岐多様に変化変容致します。まことに変幻自在な要素となってまいります。

そうなのです、そのせいなる音にさまざまなる音、漢字を当ててみると良いのです。まことに面白きことになってまいりましょう。

せいは正であります。せいは聖なり。せいは精でもありせいは征となり、せいは勢であり、せいは誠。せいは青、せいは星、せいは生。まだまだこんなものではない。せいは井であり、せいは成。せいは性、せいは清、せいは省、せいは制。いやいやまだまだ、せいは西、せいは請、せいは整、せいは静、せいは姓、せいは声、せいは斉、せいは晴、せいは凄、せいは世である。

＊すみません、もう字を思いつきません。

それなら辞書を引いてみるのはどうでしょうか。せいの文字はまだまだあるのではないでしょうか。つまりいま私達があなたの思考を通じて、ここに沢山のせいの文字を書き連ねましたのは、このように変幻可能な名を、あなたはあなた自身身《み》に付けて生まれ、いま現在を生きている、ということをあなた自身に思い出し、自覚していただきたいと考えているのです。

そうであった　そなたよ
私はいつの間にかこのようにしてそなた自身の裡《うち》なるものとなって　そなたに語っている
のであった
せいなるそなたのその名の由来を　自分自身でしかと考えてみると良いのではないかと
私は考えている
単なる文字遊びではない

しかしこの世はまことにいま清算の時であるのだから　そなたはいつのまにか〝せいさん〟
と呼ばれているのではないだろうか
またそなた自身の手により記述された我らが伝えしことがら　それをまとめあげた新しき
書物についても考えてみるのはどうであろうか
せいの手による　征書こそは　まことに新しき聖書とは言えまいか
まことに私は　この言葉を連ねてひそかにほくそえんでいる
この言葉の仕組みとは　まことに楽しく面白きものと私は考えている
そうである
まことにこの言葉産み出したるものこそは　この私ではなかろうか
そのことを忘れては困る
さてこそ楽しきことにてあり

るしえる
あいする我なり

十二月二十二日（日）

＊今日はとても大きなニュースがありました。
あのとても巨大で強い国でありましたソビエト社会主義共和国連邦が、解体されてしまいました。ソビエトはとても遠い国、と思っていましたが、いまはこうしてすぐ近く、お隣の国のニュースを聞くような思いでいます。

そうである　今日人々はさまざまな思い　感想というものを抱いているにちがいない
いかに強く偉そうに見えたとしても　やはりひとりの人間と同じように　その心はさまざまな動きをしていくものである
これから先　まだまだどれほど多くの驚くべき出来事　というものがあるであろうか
いまはまだそなた達の目にも心にもしかとは解らないことばかりであるのだけれど　歴史というものは　いつでも塗り替えられ　作り替えられていくものではなかろうか
いま私はそのような形をとって　人々の前に現れているのである
忘れないでほしい　これもまた私である

一九九二年

一月一日（水）

＊新しい年明けとなりました。とても穏やかで温かく、まるで春のような一日でした。もうまもなく真夜中になろうとしています。

ところで今年は、「国際宇宙年」とのことです。いよいよ人々の目が、この地球の外に向いていくということでしょうか。

はい、まことになんと静かな一年の始まりでありましょうか。まさに世は何事もなし、の感がありますが、なかなかそうとばかりは言えません。

いまこのようにして次なる世界、宇宙的世界を迎えますためには、あなた方の社会は大きな混乱といいますか社会的出来事を数々乗り越えていかなければなりません。人によりましてはかなり厳しいことになってまいりますけれど、大丈夫です。

基本的にあなた方は何も心配はいらないのです。すべてのことがらは〝成るべくして成る〟、この心構えさえあなた方の中にしっかりできていれば、何も恐れることはありません。

そうですね、いまのあなた方の社会ではいままでの科学の世界、地上的物理論に沿って宇宙のこと、他の天体などは語られているのです。つまりはこの地上的な時間や空間的概念の上で、他の天体のありようや関わりのことは計算され科学されている、ということでありましょう。

しかしこれから先、具体的に他の天体の存在、あるいは他の天体に所属致します知的生命体との関わりなどを考えていきますには、この地上的な時間や空間などの捉え方を大きく変えていく必要が生じてまいります。物事の思考、あるいは発想そのものを変化させていかなければなりません。

まず初めにそれが出来ますのは、あなた方スピリチュアル的世界観を持つ者であるといえましょう。現実的には、この地上的な時間や空間で物事を科学する人々との隔たり、といいますか乖離が生まれてしまいますことは避けられません。つまり彼らは、いわゆる専門家でありますが故にかなり頑固にあなた方スピリチュアル的な捉え方を否定してまいります。しかしあなた方は、何も直接的な形で対立していく必要はありません。

人それぞれに置かれた立場によって、捉え方、考え方がどのように異なったとしましても何の支障もありませんでしょう。

さあ、この先の歴史といいますか、現実がどのように変化変容し形作られてまいりますかを、私達共々よくみてまいりましょう。世の常識といいますものは、少しも止《とど》まることなく変化してまいります。
また明日語ることと致しましょう。

愛しているのですよ　まりあ

五月二十七日（水）

＊今日はなんだかとても疲れました。眠くてあくびが出てしまいます。

さあ　おねむり　おねむり　ねむりたまえ
そして我らが胸に　いこいたまえ
静かにやさしく　ゆすりていかん
勿忘草《ワスレナグサ》の花のように

何もかも忘れたまえ
勿忘草の花の色のように
美しく　あわき　花の色
その美しき　あわき　空の色の中に
心ゆくまで　やすらぎたまえ
難しき理屈は　忘れたまえ
やさしく　やさしく　ゆすりたまえ
何もかも我が胸に　ゆだねたまえ
やすらかに　やすらかに　心ゆくまで
ねむりたまえ　いねむりたまえ
時の流れも　忘れたまえ

六月二十日（土）

＊梅雨とはよく言ったものです。毎日よく降ります。

私はこの雨のこと嫌いではありませんが、明日も降るとしましたらちょっと困るかな、と思います。

はい、なかなかよく降る雨ですね。

この雨はまことに多くの木々や草々を、そしてありとあらゆる多くの生命を育ててまいりますけれど、そうですね、そのことこそが変化、というものでありましょう。

水はありとあらゆる物事に変化、というものをより強く与えているのではないでしょうか。人々の心にもまた、少なからぬ変化というものを与えているのですね。

静かにこの雨の音を楽しんでまいりましょう。きっと今夜のあなたには心地よい子守歌になることでしょう。

さあ、あまり多くのことを思い煩うことはありません。

大地は大地なりの働きをなしてまいります。すべての繋がりある生命は、その中で己の分際をわきまえ、いかにもその者らしい姿を人々にみせてくれているのではないでしょうか。

明日は明日らしい営みの日となってまいります。そして、これらの一日一日はなんと密度濃く大切なものでありましょうか。

今夜はもうおやすみなさい。


おやすみなさい。愛しているのですよ　まりあ

六月二十七日(土)

＊おはようございます。今日はもう六月も終わりに近いといいますのに、何とも言えない涼しさです。
話によりますと、この涼しさはピナツボ山の噴火のせいではないか、と言うことです。

あまりにも大規模の噴火でしたから、この地球全体を包み込み、覆ってしまっているとのことです。農作物にも大きな影響が出始めています。宗《むね》さんの田畑も例外ではありません。

はいそうです。まことにこの地球という生命体は、ますます活発化し、その地下活動の力は

大きなものとなってまいりました。何時までも静かで優しい自然界ではありません。

あなた方人々はこの地上に定着し、人類としての歴史をこの地球といいます生命体の沈静期と活性期といいますバイオリズムの中で営々と営んでまいりました。

この地球上のどこに住みますかは、まことにあなた方人々の自由意志により定められてまいりますが、その選びとりました地域が、そのままより安全な場所であるとは限りません。地球の生態といいますものは、人の生活とは無関係でありますことはいまさら述べるまでもないことでありましょう。

いまほどに過度の文明の発達などなかった頃の人々は、いつの時でもそれぞれに礼節を保ち、自然の持つ偉大なる力を畏れ敬いながら生活を営んでまいりました。それらの人々は大地の姿、つまり地形といいますものから多くの大切な情報を読み取り、それぞれの住まうべき場所などを探り当ててまいりました。

しかし今のあなた方の社会は、その地形、いえ自然界の姿や成り立ちといいますものを全く見ようともせず、知ることもなく、ただただ経済、つまりお金の量との関係で住む場所を決めていくことが、ごく当たり前のことになっているのではないでしょうか。まことにこの自然界は無きに等しい生活感覚ではないかと、私達は見ているのです。

今回のピナツボ山だけで災害が終わることはありません。いまこの地球はまことに大きく活性化してまいりました。災害といいますものは、何も噴火だけではありません。地震や津波、あるいは豪雨や旱魃《かんばつ》その他、自然現象とばかりは言えない人為的な災害もこの先にはきりなく発生してまいりましょう。そのような時、そうですね、あなた方人々は何を思い、何をどう判断し行動してまいりますことか。これからがまことに正念場と申せましょう。

今私達は、何も脅そうとしているのではありません。いまこのようにして遠く離れた南の島、南の国でのわずかひとつの山の噴火により、このように広大、広域的な影響が出ている時ですからより実感しやすく、リアルに受け止めることが出来るのでは、と少し話を致しました。まことに日々のお天気と同じように、良き日ばかりとは限りません。心して過ごしてまいりますように、と申しましょう。

いえす

ところで、このようにして割と頻繁にあなたがこのノートに向かって下さることは珍しいことではないでしょうか。久しぶりにあなたのその想いの中に、私達の姿が深く入り込んでまいりました。

ほんとうにこの四年ほどの間に私達は、ずい分さまざまに語りかけてまいりました。あなたはずい分用心深く、この私達の話を分析してまいりました。そのあまりの用心深さははがゆくもあり、おかしくもあり、またとてもいじらしくもありました。何を基にして、この私達のことを本当に信じることが出来るかといいます課題は、あなたの心にとってとても大きなものでありました。

いまこのようにして私達は、とても確かな実在であり、存在でありますけれど、あなたの中のその思考分野といいますものに、想像的な限界といいますか、制限というものがかかりませんように、との配慮のもとに、私達はそれらしい姿形を顕すことはしてまいりませんでした。この私達は、いつでも波動、エネルギー、力としてだけの存在として働きかけてまいりました。あなたにとりましてこのことは非常に切なく物足りないものでありました。

もし私たちがその尤《もっと》もらしい姿形をあなたの前に顕したとしましたならば、もちろんあなたは感動し、安心し、百%信じる思いになったのかもしれませんが、やはり私達はそのようなことはいまもこの先もすることはないのです。つまりこのことこそが、現実の姿形を見る以上の無限の広がりと可能性をもたらすことになる、ということをあなたには掴みとっていただきたいのです。

私達はいま、どのような姿形にでも変化、変容が可能であるハイレベルなエナジーそのもの、そのような波動の者としてあなたには関わり語りかけ、接しているのです。この事が、これから先のあなたにとりましてはより大きな自信と可能性、力となってまいります。

形のない力こそは、すべてのすべて、すべての根源意識、根源の姿そのものでありましょう。まことにその姿のない力こそが、さまざまに変化変容してこの宇宙、物質界は創られてまいりました。

ですからあなたの前に私達は、二次的に創られた存在としてではなく、元なる根源意識のエネルギーのままの力で、あなたのその心と脳細胞を刺激しながら語りかけてまいりました。

あなた方人々のその体、肉体といいますものは物理的な多くの制限を受けてもいますが、ひとたびその本来持っていいます機能といいますものが大きく開放、花開きますならば、実に多くの可能性を秘めているものでありますことを知っていただきたいのです。

まずあなた自身がそのような者としてここに在りますように、と私達は伝えておくことにいたします。

あいしているのですよ　まりあ

一九九三年
一月二十五日（月）

＊この何日か、毎日雨だの雪だのが降っています。
そろそろ一月も終わりに近づいてまいりました。何かあったような、何もなかったようなおかしな気分です。でも確かに何かが動き出しているのです。今年は人と人との関係をより充実させていかなければ、と思っています。

外はとても冷たい雨が降り続いています。ときたま小鳥たちの気配がしています。

こんな雨の日、彼らはどんな気持ち、どんな思いでいるのでしょうか。冬枯れて、一枚の木の葉もない裸の木が多いのですから、雨宿りにも苦労するのではないでしょうか。

はい　仕方ないので　この私達はいつものようにしているのです
寒い冬でも私達は決していやだなんて思いません
この私達はいつの時でもこのようにして　あなたがお創りになりましたそのままの習性
その姿　在り方のままにごく自然に　ごく普通に生きているのです
全く何ということもないのです

この冷たいけれど大切な恵みの雨や雪が　もしも無かったとしましたならば　それこそ私達自身がいずれの日にか　どれほど哀しい日々を過ごさなければならなくなってしまうことでしょうか

雨よ降れ　雪よ降れ　そして晴れたる日には　いまこのようにして冷たく濡れてしまったこの羽を　またもとのような軽やかな姿に変えてくれましょう
いまは確かに冷たく切ない思いはありますけれど　この雨の持っているとても大切な力のことを　私達は心の底から尊敬しているのです
この雨の姿もまた　この私達の在り方と共に　あなたのその夢の中から創造なされたものでありました
私達はその意味で　決して分かたれた別個の存在ではないのです
私達はみな同じようにして　あなたの夢の中で創られてまいりました同じ姉妹と兄弟　といえるのです
ただこのようにして　その形と在り方が　少しずつ異なっているにすぎません
このように分かれたものとして　個性を持つことが出来ましたことを　この私達はどれほど嬉しく喜んでいることでしょうか

いえ　このように喜んでいますことを　ぜひお伝えしたいのです

ごらんください
私達のいまひとつの美しい姉妹たちのことを
ほらごらんなさい　すぐ近くに私達はいるのです
小さく集まっているこの私達の群れのことを……
ほら　少し耳を傾けてくださいましたか
あなたの後ろには　また別なる私達の兄弟でありますこ火が　あかあかと燃えているのです
その上には　姉妹である水さんが湯となり沸き立っています
どのこもこのこもみな同じに
私が私であることをこんなにも自然に受け入れ　喜んでいるのです
私達のことは　もうどうぞ心配なさらないで下さい
このようにしていつの時にも　私達はあるがままの姿となって　幸せと共に生きているのです
ほら　また今度はあなたの中に
私達の別なる個性を持った兄弟　かぜ　風さんのことが入ってまいりました
同じです　同じなのです

みな同じくあるがままに幸せにしているのです
今日このようにしてあなたに　お話しできましたこと
ありがとうございます

二月七日（日）

さあ　よいであろうか
大きな変化のときである
何も慌てることはない
人は各々に　自分を表している
良くも悪くも見えている
何も気にすることはない
そなたの夢に見たる
かかりの悪き　デンワのようなものである

人の心の前に
ダイヤル　といいたるものがある
まわせどもまわせども　かかりが悪く
ガタガタと　はずれたるものなり
うまくかかりたる　ためしはなし
なかには　間違いデンワ　というもののもある
人と人との　心の不通なり
まだしばし
かからぬデンワの夢を　多く見たるなり
夜も更けたるなり
今宵も　かからぬデンワ
見るもよし
見ざるもよし
とくと休み給へ

我にてあり　　るしえる

二月二十一日（日）

＊いまは自宅です。私はいま今日来られた方が置いて行った『生と死を考える』という本をほんの少し読んでみたところなのです。読みながらこれから先の自分の在りようについても、重ねあわせてみています。

はい、その通りのことなのです。つまりいまのあなたが考えていますように、この世に生を受けていますすべての方にとりまして死、といいますものは、決して避けられない、といったそんな生易しいものではありません。

あなた方すべての人々は常に死と共に生きている存在なのです。人々にとりましてその死といいます事ほど正確で、確実な事実はありません。

あなた方人々にとりましてのその魂の生長といいますものは、全くその共なる死によって絶えず引き上げられてまいります。おそらくそのことなしの魂の生長といいますものは、存在することはありません。

人々がこのようにして人となり、肉体を保ちながらある年月人間生活を送りました後には、一旦その死といいますものによってピリオドとなり、その時の魂の波動にともない、しかるべき魂のルールとも言えます根元へと移動し、一旦は安らぎますと同時に、その切りあげてまいりました生、と言われましたある期間の魂の在り方に対しましての評価、というものがなされてまいります。

その評価といいますものは、その戻ってまいりました魂の存在だけでなされるものではありません。その存在なる魂につながりのあるすべての存在により、絶対評価、といいますものがなされてまいります。

まことに人にとりましての生、といいますものは、その死なる存在によってもたらされるものであり、死といいますものは、生以前の主なる在り方であると言えましょう。その死なる行為によりもたらされます評価の後、あなた方は再び生なる世界へと還元していかなくてはなりません。

まことに生と死といいますものは、コインの裏と表の関係そのものでありますから、いささかも哀しみに沈み込むことはありません。

しかしその死といいますことの実態、その実情といいますものは、これまでは人々にはあまりはっきりとは知らされてはいませんでした。知らされてこなかった、ということ、それにはそれなりの理由《わけ》があったと言えましょう。人々が死の恐怖の前にありまして、いかなる生を生きることになりますかは、死を迎えました時の大きな評価の対象ともなると言えるのです。

しかしいまは、その死者たちの世界とは何でありますかを正しく知るべき時でありましょう。単なる言葉と観念の世界としてではなく、この世に在ります現実と全く同じ、あるいはそれ以上に現《うつつ》なる世界でありますことを知らしむる時であるのです。

これから先の、あなた自身の人としての日々の在り方で言いますならば、このような現実、いえ現実に死と病の中にあります人々との関わりの中で、事実を事実として知らせてまいりますことにも力を注いでいただきたいと思います。

しかしほとんど多くの人々は、直接的に自分、あるいは身近なるもののそれと向き合わない限りは、あまり深く考えようとはしないのではないでしょうか。

しかしまことにそのような現実に立ちました時、あらゆるものを見るその眼、あるいは感情、感覚といいますものは否応なく大きく変化してまいりましょう。そのような時、ここに述べましたような事実を知っているか否かは、まことに大切なことではないでしょうか。さあこれからさっそくスタートいたしましょう。

せい

あとがき

私は一九八八年の四月九日から十日にかけての未明から、はっきりとした合図のもとに全部で六十冊近くのノートを数年にわたり取り続けてきました。

その中の前半、十五冊分を八冊の本（シリーズ）にまとめましたが、残りのものはそのまま手を付けずに終わるつもりでいました。

その一番大きな理由は、後のものになるほど、まるで身内的、個人的な会話の内容が多くなってしまったことです。そして他には、科学者でも天文学者でもない私が書くには少し無理があるのでは、と思われる宇宙的な話の内容が多くなってしまったこと、そして一般的な感覚でいえば、まさに神、私のノートの表現でいえば宇宙の根源意識と言われる存在からの語りかけ、といったものが常態化してしまったことにもよります。

いったいこんな内容のものを活字化してよいものかどうか、といった思いが常にあったからでした。それでこれまで二十数年の間全く手をつけず、まともに読み返してみることもせず、無造作に放置したままでした。ですからいつの間にかどこかに消えてしまったノートも何冊かあります。そのような状態のまま年月が経ってしまいましたが、昨年初めあたりから、何かもう一度目を通さずにはいられない思いがふつふつと湧きおこり、ほんとに久しぶりに本気でノートの見直しを始めました。

言い換えてみますとそれは、まさに今が秋《とき》である、そんな思いだったように思います。

今現在、その視えない世界、いわゆる不可視の世界、肉体などと言ったやっかいなものを持ってはいない意識体からさまざまなる伝達、情報を受け取る、キャッチしている人々の数は無数のものとなっていると思います。みなそれぞれにその人らしい意識体からのものを自由に受け取っているのだと思いますが、何が本当でそうではないのか、等といったことは私には全くわかりません。

ですからこの私の思考を通して伝わってくる、いえ伝えてくる複数の意識体というものについても、本当はどういう存在であるのか、といったことは全く検証の手段がありません。ですから、この私自身が信ずることが出来るのかどうかにかかっているようなものだと思っています。そこにとても大きな怖さがあります。

ただ私にとっての大きなリアリティは、一連のノートを取るうえでの文字の変化です。つまり伝えようとする側の持つ強力なエネルギーの文字への変換を眼でみることが出来る、と言いますか、私の体全体で体感できる、ということです。そしてその変化した文字は誰方にでもお見せすることが出来ます。でもその時、つまり書く時の感覚、体感といったものは私本人にしかわからない、といった不自由さがあります。

ちょっとぐだぐだ書いてしまいましたが、それらのことをすべておいたうえで、今回私は残されたノートの中の一部をピックアップしながら一冊にまとめてみました。

ですから日付でみますと、近いもの、離れたもの、話の内容もかなり脈絡のないものとなってしまいました。

解説などで埋めてつないでみようか、とも思いましたが、無理にそういうことをせず、どこからでも自由に、それこそその時その時の思い、感覚でパッと開いたところをまず読んでみる、という方法もありかな、と思っているところです。

そしてこれは、私の思考を通して紡ぎだされた物語、として受け止めていただけたら幸いです。

まえがきにも書きましたように、いまこの地上は、まことに大変な危機的状況にありますが、少し心を和ませてまわりの状況をみることが出来ますように、と心から願ってやみません。

異様にあたたかなこの冬の陽ざしの中で……

二〇二〇年　一月二十二日

山田　征

著者略歴

山田 征（やまだ・せい）

1938年東京生まれ、六歳より九州宮崎で育つ。二十四歳で結婚、以後は東京都武蔵野市在住。四人の娘達の子育てと共に、農家と直接関わりながら共同購入グループ「かかしの会」を約二十年主宰し、地元の学校給食に有機農産物他食材全般を約十七年にわたり搬入。仲間と共にレストラン「みたか・たべもの村」をつくる。並行して反原発運動、沖縄県石垣島白保の空港問題他、さまざまな活動を経る。いま現在は、日本国内だけではなく地球規模で設置拡大され続けている風力や太陽光による発電設備の持つ深刻な諸問題についての講演活動を精力的に続けている。
1988年4月9日から自動書記によるノートを取り始める。
2002年1月より「隠された真実を知るために」のタイトルで、ひと月に1回の小さな勉強会「菜の花の会」を続けている。

著書
『ただの主婦にできたこと』
『山田さんのひとりＮＧＯ －「ニライカナイ・ユー通信」』
（以上、現代書館）

『光と影のやさしいお話』（ナチュラルスピリット）
『あたらしい氣の泉』
『鏡の中のすばらしい世界』
『あたらしき星への誘い』
『光の帯となって』（ナチュラルスピリット）
『吹く風も　また私である』
『もうひとつの世界へ』
『ふたつの世界の間に立って』
『かかしのおばさん　エジプトを往く！』
『ご存知ですか、自然エネルギーのホントのこと』
（以上、アマンの会　＊自費出版）

連絡先
東京都三鷹市井口 2-18-13　ヤドカリハウス

私は 愛する

なにひとつ　私の愛さないものはない
私の創造の動機は
“愛”なのだから

●

2020年5月8日　初版発行

著者／山田 征

発行者／今井博揮
発行所／株式会社ナチュラルスピリット
〒101-0051　東京都千代田区神田神保町3-2
高橋ビル2階
TEL 03-6450-5938　FAX 03-6450-5978
E-mail：info@naturalspirit.co.jp
ホームページ https://www.naturalspirit.co.jp/

印刷所／シナノ印刷株式会社

ISBN978-4-86451-336-4　C0014